米中貿易戦争と日本経済の突破口

「米中トゥキディデスの罠」と「一帯一路」

朱建榮 編著

花伝社

米中貿易戦争と日本経済の突破口
——「米中トゥキディデスの罠」と「一帯一路」

目 次

第1章　激変する世界と日本の針路　5

島田晴雄（首都大学東京理事長）

第2章　中国経済と米中貿易戦争の行方　27

津上俊哉（日本国際問題研究所客員研究員・
現代中国研究家）

第3章　世界経済のなかで存在感を高める中国　56

丸川知雄（東京大学教授）

第4章　拡大する中国のニューエコノミー　73
――イノベーションの力が台頭

金　堅敏（富士通総研主席研究員）

第5章　「一帯一路」構想は何を目指すか　90

朱　炎（拓殖大学教授）

第6章　戦後日本の歩んできた道と「一帯一路」への示唆　113

李　彦銘（東京大学教養学部特任講師）

第7章 **中国の新イノベーション都市・深圳** 130
　　　──ハイテクベンチャーや社会実験がすごい

　　　　　　牧野義司（メディアオフィス「時代刺激人」代表・
　　　　　　　　　　　経済ジャーナリスト）

第8章 **歴史の大変動にも生き残った長寿企業の経験** 148

　　　　　　野田泰三（株式会社セラリカNODA代表取締役社長・
　　　　　　　　　　　茶道裏千家淡交会北京同好会 相談役）

第9章 **日本経済のサバイバルに向けて** 167
　　　──発想の転換が必要

　　　　　　　　叶　芳和（評論家・元拓殖大学教授）

第10章 **未来からの問いかけ** 184

　　　　　　　　朱　建榮（東洋学園大学教授）

第1章　激変する世界と日本の針路

島田晴雄（首都大学東京理事長）

Ⅰ．世界経済の展望：長期持続景気終焉の兆し

今日、戦後70年続いた世界史の転換点に差し掛かっているのかもしれない。何が起きているのか、その全体像の理解が必要である。

世界経済はリーマンショックを底にして、その後、アメリカ経済を筆頭に長期景気回復を続けてきた。アメリカ経済は、2009年6月を谷に景気回復を続けており、2019年7月まで続くと121ヶ月で戦後最長記録を上回る。日本経済は2012年12月から景気回復がはじまり、2019年に入って戦後最長になった。

日本経済の長期景気回復は、四半期で連続マイナス成長がないという条件で達成されたもので、6年間の成長は年率で1％前後の緩やかなものだ。したがって好景気の実感がなかった。2016年後半からは成長率がやや高まったが、これは世界経済の好調を反映する面が大きい。

長期景気回復は世界的に成熟段階に達している。それは労働需給の逼迫、資産価格の上昇、また期待成長率の漸減による投資活動の低下などに反映している。長期景気が成熟してくると、何らかのショックで景気後退に陥る可能性が高まる。2019年

は長期景気回復が終焉するリスクを多分に含む展開になる。

世界景気後退への対応策として、財政・金融政策での国際協調が不可欠である。ところが、トランプなどの指導者は自国第一主義を掲げており、それは国際協調を阻害し、景気後退への対応を妨ぐ恐れがある。

来るべき景気後退に際しては、リーマンショック時に比べ、選択肢の幅が狭い。財政赤字の拡大で財政出動の余地が少ない。アメリカ以外は超低金利で金利刺激の余地が乏しい。狭い政策選択余地の中で、いかに景気後退を緩和し、景気回復をめざすかは大課題になる。

リーマンショック時と現在の違い：

リーマン時は経済にクッションがあった。高金利で、財政力があったのに比べ、現在は世界的な低金利、財政赤字累積であり、クッションがない。ショックへの抵抗力、耐久力が弱い。ハードランディングになりやすい。

リーマンショック時、国際協力機構は機能していたが、今、国際協力は、トランプ流の自国中心主義、ナショナリズム台頭で阻害されている。景気後退は景気循環現象で避けがたい。

このような国際的不安が漂う中で、本章は特にトランプ政権の現状破壊と貿易戦争、Brexit（イギリスのEU離脱）とEUそのものの危機など、世界経済に最も重要な影響を及ぼす問題を取り上げ、そのうえで、日本経済の行方、日本の針路を考えたい。

Ⅱ．トランプ政権下の米国の実情と問題

1．トランプ発貿易戦争

今、世界が最も関心をもち、心配しているのは貿易戦争である。それが世界の景気後退の引き金となる恐れがあり、冷戦の再来を招く可能性もある。その経緯と内容を理解し、意味を考えよう。

⑴　鉄鋼・アルミへの追加関税

トランプ氏は 2016 年の選挙中から、中国や日本などからの工業製品の輸入に高関税をかけてアメリカ労働者の雇用を守ると公約したが、2017 年中は大型税制改革などの議会対策に忙殺されて関税問題に取り組めなかった。2018 年 3 月 1 日、トランプ氏は鉄鋼とアルミの輸入増が安全保障上の脅威になっているとして輸入制限を発動する方針を発表した。上限は鉄鋼 25％、アルミ 10％であるが、その理由には耳を疑う[1]。

3 月 22 日になると、トランプ大統領は知的財産権の侵害などを理由に中国製品に関税を課す大統領令にも署名した。

1　根拠は、米通商拡大法 232 条であるとトランプ氏は主張する。これは 1962 年に制定され、産品の輸入が米国の安全保障を脅かす恐れがある場合に適用される。これまで適用されたのは、79 年のイラン原油輸入禁止措置、82 年のリビア原油輸入禁止措置のみ。日本や欧州など同盟国にも適用するとする米国の主張に正当性があるかは疑問である。

⑵　中国知財侵害への制裁関税

　ホワイトハウスの貿易政策担当の補佐官として対中国強硬論を展開しているナバロ（Peter Navarro）氏は、アメリカは中国の不公正貿易のおかげで莫大な貿易赤字を被り、経済成長が阻害されてきたと中国を非難し、同じ 2018 年 3 月に公表されたアメリカ合衆国通商代表部（以下 USTR）の調査では、中国に進出した米企業が不当な技術移転を求められたり、米企業の買収に中国政府の資金が使われたりするなどの「知的財産権の侵害」があると結論付けた。

　5 月に入ると、米中通商協議が 2 回行われた。アメリカの高圧的な要求に対し、中国側（劉鶴副首相が代表）は、輸入増大などでアメリカの赤字削減に努力すると提案し、財務長官であるムニューチン（Steven Mnuchin）代表がそれを評価して、付加関税執行をしばらく猶予すると発表した。しかし 6 月に入ると、トランプ氏が中国からの 2000 億ドル（約 22 兆円）相当の製品に対し 10％ の追加関税措置を検討すると発表した。“トランプ氏のチャブ台返し”の背景には、ホワイトハウス内での対中強硬派の巻き返しがあったとみられる。

　中国は、姿勢を二転三転させる米国に不信感を募らせた。その後、関税戦争は 7 月から 9 月にかけて 3 回にわたる米中の関税引き上げ応酬の実戦段階に入った。

　米中貿易戦争の背景には、トランプ氏だけでなく米国指導層の対中認識の大きな変化がある。18 年 10 月 3 日に行われた、ペンス副大統領のハドソン研究所（Hudson Institute）での講演が象徴的であるといえよう。ペンス氏は、中国が不公正な貿易で巨利を得、アメリカに敵対的な戦略をとっている

と強く非難したが、それは、トランプ政権のみならず民主党の中国警戒・強硬派も含め、米国のエスタブリッシュメント（Establishment、支配階級）の対中国観を集約・代表するものと受け取られている。「新冷戦」の開始かと注目されている。

　一連の水面下の駆け引きを経て、12月1日、トランプ大統領と習近平主席はG20開催地のアルゼンチンの首都ブエノスアイレスで会談し、90日間の交渉猶予期を設けることに合意した。その後、米中貿易戦争はまだ様々な分野で火種を残しており、今後も続きそうだ。

⑶　露骨な自国優先の方針で各国へ圧力

　アメリカ、メキシコ、カナダ3国は、これまで北米自由貿易協定（以下NAFTA）が結ばれており、メキシコとカナダからはアメリカに関税なしで輸出できたので、両国だけでなく日本やEUなどからも両国に企業が進出し、北米を中心に貿易量が増え、世界経済の発展に寄与した。

　ところがトランプ氏は、他国がアメリカの市場を利用して儲け、アメリカは被害を被っているとして、NAFTAの全面改訂を要求した。現職大統領がメキシコ大統領選に負けた残任期間につけこんでメキシコと改訂に合意し、同様の改訂をカナダにも要求し、応じなければカナダを除外すると脅して合意を取り付けた。新しい合意はカナダ、メキシコからの対米輸出に数量制限、低賃金輸出の禁止などを加え全面改訂したもので、WTOルール違反の恐れがあるが、トランプ氏はそれに一切お構いなしで押し通している。これはメキシコとカナダの両国に大規模に進出している日本企業にも大きな影響をもたらし、企

業戦略の見直しが必至になっている。

　他方、トランプ氏は 18 年 5 月、自動車にも安全保障を理由に制裁関税をかける検討に入ると言明した。日本や EU は、鉄鋼関税ではそれほど大きな影響はないが、自動車産業は甚大な影響がある。EU の強い反発をうけ、トランプ政権は 7 月、自動車以外の関税や非関税障壁ゼロをめざす交渉開始を条件に、自動車関税は当面猶予となったが、日本とは 9 月、TAG（Trade Agreement of Goods、物品協定）の交渉開始で合意した。協議中は自動車への関税はかけないことになっているが、問題は解決されていない。

2．トランプの選挙公約とその実践

(1) 「アメリカ第一主義」を打ち出す

　トランプ氏は 2016 年選挙戦中から、保護主義的な主張を繰り返し強調していた。例えば、中西部や南部ラストベルト（旧工業地帯）の選挙民に対し、「彼らの雇用機会（job）は中国や日本に騙し取られている。俺はそれを取り返してやる（Your jobs have been ripped off and shipped off to China and Japan. I will get them back to you guys）」と語った。

　トランプ氏は「アメリカ第一主義（America First）」を至上命題とする。これはトランプ流のナショナリズムであり、排外主義、保護主義であり、国際協調の否定でもある。トランプ氏は、オバマケア（医療保険制度改革法）、TPP、イラン核合意、気候変動に関するパリ協定、金融規制のドット・フランク（Dodd-Frank）法、キューバとの国交回復など、オバマ前大統

領の業績を全て否定している。

(2) 国際的合意からの離脱

　2017 年 1 月 20 日、トランプ大統領は就任当日、日本など 12 カ国からなる TPP 協定からの離脱を宣言し、一連の国際公約からの離脱の幕開けとなった。

　地球温暖化対策の国際的枠組みとして、最大の CO_2 など排出国である中国やアメリカを初めて含み、195 カ国が署名した画期的な「パリ協定」が 2015 年に締結された。トランプ氏は 2016 年の選挙期間中から「米国に不利益、他国の利益で非常に不公平」と非難していたが、2017 年 6 月 1 日に脱退を表明した。国際社会からも、また米国の産業界からも批判を浴びている。

　トランプ大統領はさらに、WTO が中国などを利するのみで、適正に機能していないとして選挙戦中から批判し、大統領就任後の 2017 年 8 月 27 日、同年 9 月に任期切れとなる上級委員の再任拒否を伝達した。WTO の紛争解決手続きは二審制である。一審に相当する紛争処理委員会で決着がつかなければ、上級審に提訴できる。上級委員は定員 7 人であり、選任は全 150 加盟国の同意が必要となる。アメリカの反対で再任が妨害されているため、2018 年 12 月には上級委員は 1 人しかいなかった。審査は 3 人で行われるので、上級審は機能不全に陥った。多くの国がトランプ政権の追加関税を提訴しているが、アメリカには及ばない状況である。WTO の機能は事実上停止状態になっている。

　トランプ大統領はまた諸外国からの移民や不法入国に対し空

第 1 章　激変する世界と日本の針路　11

前の厳しい措置を取った。彼は就任直後に、イスラム系７カ国に対しアメリカ入国を禁止する大統領令に署名した。ワシントン、サンフランシスコ、ホノルルなど連邦地裁から差し止め命令を受け、2017年6月、最高裁は禁止の範囲を狭めた条件付きで禁止令を容認した。

　また、メキシコからの不法移民を排除するために国境に壁を建設するとの選挙公約を掲げているが、費用はメキシコが負担せよと要求し、それはメキシコから拒否された。そこで壁のかなりの部分はアメリカ負担で建設されたが、2018年11月の中間選挙で民主党が下院で多数を握ったため、2019年度の壁建設予算は議会で阻止された。トランプ大統領は壁予算が承認されねば、予算署名を拒否するとして、一部政府機関が2ヶ月以上機能停止状態に陥った。

３．猜疑と"恐怖"のホワイトハウス

　既成の政治と政治家そしてワシントンの権力に倦怠感と嫌悪感を持っていたアメリカ国民が大統領に選んだトランプ氏は、これら既成勢力や機構と無関係なマヴェリック（一匹狼）な実業人だ。内外の政治の経緯や制度に無知で、そして不勉強。政治手法としてDeal（取引）と直接交渉を好む。既存メディアを否定し、Twitterで数億人に直接メッセージを伝える手法は斬新であり、政治の情報伝達の歴史を変えた。

Michael Wolf "Fire and Fury[2]"、Bob Woodward "Fear[3]" など内幕本がベストセラーになった。トランプ氏は自分のスタッフに対し、才能や力量より、忠誠心のみを求める。強力な権力信仰があり、権力の核心は「Fear（恐れ）」だと言ってはばからない。人事や決断の予測不可能性が恐怖を生んでいる。映画「ジュラシックパーク」のティラノサウルスの恐怖に似ていると言えよう。ホワイトハウス内は、独裁者の下で、互いの猜疑、裏切り、中傷、権力闘争に満ちている――。

ちなみに、バノン（Steve Banon）氏は、2016年のトランプ選挙戦略を立案推進したデマゴーグ（扇動家）であり、ホワイトハウスでは"ラスプーチン"のような権勢を振るったが、トランプ氏の女婿クシュナー氏らと対立し、2017年8月に退任した。その状況は"Fire and Fury"に詳しい。

その間に、権力の中枢からは、常識派と国際協調派が相次いで追放された。入れ替わりに、政権中枢に入ったのは極端な自国中心派ばかりで、彼らはその後のアメリカの国家戦略を事実上牛耳っている。ティラソン氏の後任にポンペオ（Mike Pompeo）が指名されたが、CIA長官だった彼はイラン核合意を最悪の協定だとして批判し、CIAによる拷問を容認し、イスラム教徒の入国禁止も支持しており、トランプ氏は彼を"思考回路を共有できる"と評価している。

2018年3月23日、安全保障担当の最高補佐官マクマスター

2　日本語訳：マイケル・ウォルフ著、関根光宏、藤田美菜子他訳『炎と怒り――トランプ政権の内幕』早川書房、2018年。

3　日本語訳：ボブ・ウッドワード著、伏見威蕃訳『FEAR 恐怖の男――トランプ政権の真実』日本経済新聞出版社、2018年。

第1章　激変する世界と日本の針路　13

（Herbert R. McMaster）前陸軍中将が解任され、後任にボルトン（John Bolton）元国連大使が任命された。彼はジョージ・W・ブッシュ（Jr）政権で国務次官や国連大使を歴任し、北朝鮮やイラクへの攻撃を主張するなど超タカ派のネオコン（新保守主義者）として知られている。

なお、ナバロ氏はホワイトハウスの貿易担当補佐官を務めており、強硬な反中国派だ。ハーバード大学経済学博士というが、トランプ氏の重商主義を信奉して理論化する扇動者とみられている。ライトハイザー（Robert Lighthizer）氏はUSTR代表を務め、対中交渉の責任者であり、中国を不公正貿易国と見立てて、非難や攻撃を繰り返した。

4．トランプ政権の経済政策とアメリカ経済

トランプ政権が重視する三大経済政策は、大減税、大インフラ投資、関税政策だが、このままインフレーションが進むと、Fed（連邦準備制度）は経済安定化のために利上げを重ねざるを得ない。トランプ氏は利上げを続けるPowell Fed（米国連銀のジェローム・パウエル議長）を"狂っている"として、中央銀行の独立性を無視した危険な批判を繰り返しているが、金利でコントロールしなければ、アメリカ経済はインフレが昂進して悪質なスタグフレーション（景気の後退とインフレが同時に起こる状態）に陥るだろう。

しかし、金利の引き上げは、株安を招き、また期待成長率とリスクプレミアムの高いトランプ政権下のアメリカ経済では、長期金利が高まらざるを得ない。長期金利の上昇はドル高を促進し、それはアメリカ経済の輸出競争力を削ぐだけでなく、弱

小の新興国からの資金のアメリカへの流出によって、通貨下落やドル建て負債を抱えた国々の破綻を招くなど、世界レベルでの景気後退と経済縮小を招くおそれが高い。

Ⅲ．混迷する欧州と伏在する危機

1．Brexit の経緯と顛末

　Brexit（イギリスの EU 離脱）問題は欧州のみならず世界の緊急かつ重大な関心を集めている。

　2016 年 6 月 23 日、当時のキャメロン首相が国民投票を強行したところ、離脱派が 51.9％対 48.1％の僅差で勝利と、予想外の結果になった。青年層、高学歴層、ロンドンなど大都市の市民は EU 残留に賛成だが、地方在住、低学歴者、中高齢者層はほとんど離脱に投票した。多くの知識層は残留を当然と考えて投票に行かなかったが、これも僅差の結果に影響した。

　これは、2015 年の総選挙を前に、英国独立党の急伸や保守党内の対立に悩んだキャメロン首相が 1975 年のウィルソン首相（労働党首）が EC 加盟を国民投票に賭けた成功経験に倣い、国民の関心の外部化をはかって国民投票を約束したのがきっかけだと言われている。2015 年 5 月の総選挙で与党の保守党が大勝したため、キャメロン首相は、国民投票を約束の 2017 年でなく前倒して実施することを決断した。

　国民投票の前にキャメロン首相は EU 当局と交渉を行い、一定の理解と譲歩を得られたため残留が得策だと考えられるとし、国民に分厚いパンフレット配布してアピールした。しかし内容が詳細すぎて選挙民の理解を超え、支持が広がらなかった。

逆に首相が頼みにしていたジョンソン（Boris Johnson）ロンドン市長やゴーヴ（Michale Gove）氏が離脱派の旗手になったのは計算外で、離脱派は反移民を感情的に訴え、離脱すればEUから金が戻るとの虚偽の喧伝をして国民を扇動した。

　国民投票で負けたキャメロン氏は首相を降板し、内相を4年間担当したメイ（Theresa May）氏が消去法で首相になった。首相就任後しばらくの間、メイ首相の発言は旗色不鮮明だった。彼女はもともと残留派だったが、首相になるやその職責上、自分の信条とは正反対の"強硬離脱"に政治生命をかけるようになった。彼女はやがて「国民投票の結果は明白であり正当だ。離脱は離脱である（Brexit is Brexit)」との立場を明確にするようになった。

　2017年3月、メイ首相はリスボン条約50条に基づき、EU本部に"離脱"を正式に通告し、離脱期日は2年後の2019年3月29日と予定された。そしてEUと交渉するにあたって自国の立場を強くするため、総選挙という賭けに出た。ところが同年6月8日に行われた選挙結果はメイ首相率いる保守党は12議席も議席を減らし、318議席と過半数（326議席）をも割り込み、労働党は逆に229から262議席へと議席を大幅に増やし、メイ氏の賭けは完全に裏目にでた。

　2018年7月はじめ、メイ首相は、離脱後のEUとの通商関係に関する英国政府の基本方針を取りまとめた。メイ首相は別荘チェッカーズ（Chequers）に内閣の関係閣僚を招いてこの案を提示・説明したことから、この文書は「白書」もしくは「チェッカーズ計画（Chequer's plan)」と通称されるが、その内容は、基調としてEUと特権的な関係（privileged link）を

保持すると謳っている。

　この案に対し、EU当局者は、英は「いいとこ取り」であると警戒を示した。EUの首席交渉官であるバルニエ（Michel Barnier）氏は、英国がモノの取引だけで単一市場型のメリットを享受しながら、サービスやヒトの移動の分野をそうした扱いから除外することは許されないと警告し、英国とEUがあたかも合同の関税領域にいるような状況をつくるIT技術の実現性についても疑問を呈した。

　一方、英国の離脱強硬派は、「白書」の提案では、英国が離脱後もEUのルール作成に関与できないままEUルールに一方的に縛られることになるので、主権を取り戻すためのBrexitの趣旨に全く反することになるとして激しく批判した。

　膠着した事態の打開をはかるため、メイ首相は新しい協定案を同年11月14日に公表した。協定案は585ページにおよぶ文書で、離脱協定案、市民の権利、北アイルランド問題など広範な課題を網羅している。だが、この新協定案が公表されると、まず身内で反乱がおき、ラーブ（Dominic Raab）離脱担当相が、メイ首相の案は英国の誠実さへの脅威であり、保守党の公約違反であると批判し、辞任を宣言した。つづいてマクベイ（Esther McVey）労働・年金相、さらにブレイバーマン（Suella Braverman）離脱担当副大臣またバラ（Shailesh Vara）北アイルランド担当相も相次いで辞任した。

　2018年12月の英国議会（下院）では、メイ首相の新提案が野党ならびに与党強硬離派の反対が多く、承認に見通しが立たないため、採決は延期されたが、その後も3回にわたって離脱案が英議会で否決された。19年5月21日、メイ首相は記者会

第1章　激変する世界と日本の針路　17

見で、6月上旬に提出予定のEU離脱の関連法案が英議会で承認された場合、2度目の国民投票を実施するかどうかを議会に問う方針を表明した。条件つきながら初めて再国民投票を容認したが、漂流状態が続いている。

もし適切な合意が得られずに、No-Deal Brexit（イギリスの合意なき離脱）になると何が起きるか——産業界はじめ各界でその懸念が高まっている。合意なき離脱となると、EUと合意している2020年末までの「移行期間」も無効になるので、突然、英国は海図なき荒海に漂流することになる。英国経済は数％、EU圏の経済も1〜2％のマイナスに陥る可能性があり、それによって世界経済が1％前後のマイナスになり、世界不況のトリガーとなるおそれが大きい。

また金融面では、英中銀は、合意なしの離脱の場合、英国に集中している想定元本ベースで最大41兆ポンド（約6000兆円）のデリバティブ（金融派生商品）が不安定な状態におかれると警告した。合意なき離脱となるとその天文学的な契約の書き換えや見直しが急遽要請されるので、英国や欧州のみならず世界の金融取引の大部分が麻痺状態になり、世界経済に深刻な影響を及ぼす。

2．メルケル政権後のドイツ

⑴　2017年9月総選挙の与党大敗からメルケル退陣へ

2017年7月にドイツを訪問したが、4年に一度の総選挙を2ヶ月後に控えて、ドイツは選挙モード一色だった。その中で印象的だったのは、メルケル氏が4選するとの見方が多かった

ことだ。

　メルケル首相は、中東などから大量の難民・移民が欧州をめざして流入しはじめた2015年に、人道的立場から彼らを受け入れるべきと主張し、EU各国に受け入れの割り当てを提案するに及んで、EU諸国のみならずドイツ国内からも強い批判を浴びて人気が急落した時期があった。その後メルケル首相は受け入れ政策に慎重になったが、そうした負の遺産があるにもかかわらず、選挙に強いメルケル氏の"神話"は当時、なお健在に見えた。

　メルケル氏は牧師の娘として東ドイツで育ち、ライプツィヒ大学物理学部を卒業した。ドイツ統一を成し遂げ、共通通貨ユーロ（Euro）に道を開いた当時のコール（Helmut Kohl）首相の寵愛を受け出世街道を駆け上り、キリスト教民主同盟（CDU）の代表になり、ドイツ連邦首相になって3期12年連投した。その間、リーマンショック後のドイツ経済の復活に尽力し、ユーロ圏を危機に陥れたギリシャ問題を決着させ、また東ウクライナ紛争ではモスクワとウクライナのシャトル外交でプーチンと渡り合って「ミンスク合意」を取り付けるなど輝かしい業績を上げ、EUを代表する大政治家として評価されていた。

　ところが選挙の結果は、与党の大敗だった。メルケル氏はやむなく自由民主党（FDP）と緑の党（Die Grünen）と連立のための交渉を開始したが、両党ともCDUとは政策が大きく異なるため、連立交渉は不調に終わった。総選挙から実に半年が経過し、ようやく大連立内閣が成立したが、その構成は、多くのメルケル反対派が要職を占めており、メルケル首相の指導力

第1章　激変する世界と日本の針路　19

はひどく低下していた。また、空費されたこの半年の間に、メルケル氏の求心力は著しく低下、ドイツの国際政治におけるプレゼンス（存在感）も矮小化した。

2018年10月、2回の地方議会選挙で、メルケル氏率いるCDUならびにCSUと大連合を組むSPDは大敗した。これらの選挙結果を受けて、10月29日、メルケル首相は、18年間その地位にあったCDU党首の座を降りること、しかし連邦政府首相の職務は2022年末の任期満了まで務めることを発表した。

後継者を選ぶ選挙では、代議員の投票の結果、次期党首に選ばれたのは、唯一の女性候補、アネグレート・クランプ＝カレンバウアー（Annegret Kramp-Karrenbauer、以下AKK）氏だった。メルケル氏は、AKKをCDU幹事長に、政府の難民政策を批判してきた若手のパオル・ツィーミヤク氏も登用して党内融和を演出したが、メルケルの中道左派路線を継承するAKK氏には、左右の反発が一層強まることも予想され、ドイツの統合と復権の前途は容易ではない。

3．マクロン改革は実現可能か

2017年4月13日、フランス大統領選挙の第1回投票が行われた。その結果、驚くべき地殻変動が明らかになった。それはこれまでのフランス政治を支えてきた共和党と社会党という伝統的な大政党が大きく後退し、極右、極左や新興政党が躍進したことだった。誰も過半数を取れなかったので、マクロン氏とルペン氏による決戦投票が5月7日に行われ、その結果は、大方の予想を超えてマクロン氏の圧勝となった。

エマヌエル・マクロン氏は当時39歳、オランド政権の経済

相を務めた。彼は議会で過半数と獲得した後、公約の公務員削減、財政再建、労働時間規制の柔軟化などこれまで主張してきた大胆な構造改革を提案し、これにより生産性を高め、フランス経済を再生することが期待された。

　マクロン大統領は就任後、内政と外交で目覚ましい成果を挙げた。内政では、フランス経済の効率化の一環として、労働改革を提起し、鉄道ストライキなど労働組合の激しい反発を受けながら、労働組合トップとの交渉で労働条件の弾力化などの合意を獲得して労働法大改正への糸口をつけた。就任1年で、テロ対策法など20本の法律制定もしくは改正を達成した。

　外交でも存在感を示し、メイ首相が国内の反対でトランプ大統領を国賓として迎えられなかったのに対し、2018年4月14日、パリ祭の機会にトランプ氏を国賓として迎え最大級の歓迎をする一方で、トランプ氏を前に自国中心主義を批判、国際協調の重要性を内外にアピールした。同年11月11日、第1次大戦勃発100周年記念式典をパリで開催し、各国首脳を招いた席で「古い悪魔が再び目覚めつつある」とナショナリズムの台頭に警鐘を鳴らした。

　その一方、閣僚が相次いで辞任し、ミスや失言が不人気や批判を呼んだ。2018年11月末からパリを中心にフランス各地で大規模のデモが勃発し、12月はじめのデモでは死者3人、重軽傷者数百人を出す激突となった。デモ隊は一様に黄色のベストを着ているので、「黄色ベスト（Gilets jaunes）運動」と呼ばれる。政府は非常事態を宣言したが、デモは断続的に19年夏現在まで続いている。

　運動のきっかけは、マクロン大統領が提起した"燃料税引き

第1章　激変する世界と日本の針路　21

上げ"への反対だった。燃料税引き上げは、マクロン政権の財政健全化の一環であり、政府赤字の GDP 比を 3 ％以内に抑えるという EU 財政規則遵守のためだ。しかしガソリン代の引き上げは、車依存度の高い庶民、特に農業者や商工業者には大きな負担を課すことになる。就任早々、マクロン大統領が富裕層に有利な税制改正をしたことで社会的不満が蓄積していたところに、燃料税の引き上げで庶民の生活を不当に圧迫するとして不満が爆発した。

2018 年末、マクロン政権は、2019 年 1 月に実施予定だった燃料税引き上げを撤回したが、反対運動は収まらなかった。一方でこの結果、財政赤字の 3 ％以内実現は困難になった。これは EU 諸国に対して財政基準の遵守を呼びかけてきた独仏主導路線の信頼が揺らぐ可能性にもつながっている。

マクロン氏が呼びかけた EU やユーロの改革は、財政統合が目玉であり、EU 共通予算、EU 財政相の設置などで通貨統合の矛盾のみを克服しようという大構想だ。これは欧州統合をめざして尽力したモネ（Jan Monet）らが掲げた理想だったが、今回の燃料税撤回により財政赤字の抑制が困難となったため、マクロン氏の大構想追求を水の泡にする恐れがある。

4．反欧州主義の台頭──EU 瓦解の可能性はあるか

欧州各国で反欧州主義（Euroscepticism）の政党がこの 1 〜 2 年で急速に台頭し、EU の基本政策を批判している。ナショナリズム、ポピュリズムが勢力を増している背景には、ユーロ導入にかかわる EU の政策と移民問題が存在する。

生産性が低く通貨価値の低かった南欧諸国にとっては、高価

値で安定したユーロが導入されたことで、外資の借金もしやすくなり、不動産価値も上昇したが、政府債務が膨張した。さらにリーマンショックで外資が逃避したため、深刻な債務危機に陥った。EU当局は欧州金融安定化基金（EFSF）や欧州安定メカニズム（ESM）など救済機関と通じてギリシャなど債務危機に陥った国に金融支援したが、その条件として、緊縮財政や年金カットなどを約束させた。この緊縮財政の結果、財政状態は改善したが、これらの国々の市民はEU統合の厳しい政策に強い不満を持つようになった。

そこに2015年頃から、イラクやシリアなど中東各地での大量の難民が欧州を目指して流入した。受け入れ政策を主導したメルケル首相らEU執行部の政策に、最初の上陸地となるギリシャやイタリア、経由地となるオーストリア、ハンガリー、そして最終目的地ドイツでは、大量の移民・難民に対して激しい排他的感情が高まった。

今、EUの存在そのものに対する不信（欧州懐疑主義）の潮流が広まっている。そのきっかけは2014年の欧州議会選挙だった。英国で英国独立党（UKIP）、フランスで国民戦線（FN）、ギリシャで急進左派党（SYRIZA）がそれぞれ得票率で1位。イタリアでは新興政党「五つ星運動（M5S）」が得票率2位。ドイツでも新興政党「ドイツのための選択肢（AfD）」が得票率5位になった。とりわけUKIPの躍進は注目された。

欧州議会はEU閣僚理事会と並ぶ立法機関である。EU閣僚理事会は加盟国の閣僚からなるが、議会は直接選挙で選出される議員（任期5年）で構成される。当初は理事会の補佐機関だったが、「EUの決定はブリュッセルの一部高級官僚で行わ

第1章　激変する世界と日本の針路　23

れ市民の声が反映されていない」との批判を受けて、漸次権限が強化された。2009年12月に発効のリスボン（EU）条約で、閣僚理事会と同等の権限を持つ立法府となった。

2018年現在、欧州議会の政治会派は八つあり、最大政治会派は、欧州人民党グループ（EPP）＝中道右派で、次いで、欧州議会社会民主グループ（S＆D）＝中道左派になっている。

2019年5月に実施される欧州議会選挙をひかえて、今、イタリアの極端なナショナリスト政党「同盟」の党首、サルビーニ（Matteo Salvini）副首相が最も力を入れているのが、EU各国のナショナリストやポピュリストに呼びかけての国際ポピュリスト同盟の創設である。国際ポピュリスト同盟が勝利すれば、欧州議会を反EUのシンボルと位置付け、EU大統領などのトップ人事に積極的に介入する構えを見せている。

欧州議会の7月開会を受けて2019年9月には欧州委員会の執行部（EUの政策立案機関）が刷新されるが、もしサルビーニの思惑通り、国際ポピュリスト同盟が欧州議会選挙で勝利すれば、欧州委員会や独仏はEUの安定のため、サルビーニなど各国のナショナリストやポピュリストの意見に耳を傾けざるを得なくなる。

この状況は「ナチズムの支配を許した90年前のワイマール共和国の悪夢を連想させ、戦後、自由と民主主義を謳歌してきた欧州政治の終わりの始まり」を示唆するとの指摘もある[4]。

4　中島精也「イタリアが主導する反EUの動き」『国際金融』1316号、外国為替貿易研究会、2019年1月1日。

Ⅳ. 米中対決と日本の役割

　世界的な地殻変動が進む中で、米中関係の行方が特に注目される。米国と中国の貿易戦争は両国にとってもそれぞれマイナスであるだけでなく、両国を合わせれば世界 GDP の 4 割に及ぶ世界第一と第二の超大国の対決による経済の減退は、サプライチェーン（生産から消費者に届くまでの工程）の阻害など、様々な経路を通じて世界全体の経済にマイナスの効果を及ぼす。

　日本は米国とは安全保障の同盟国であり、経済的にも深い相互依存関係にある。また中国は日本の輸出産業にとって最大の市場であり、政治的にも近年は友好関係を進めようとの動きがある。米中の間に位置し、両国と経済関係が深く政治的にもそれなりの友好関係を築いてきた日本は、世界にマイナスの効果を生む米中の貿易戦争を緩和するために、何らかの仲介の役割を果たせないかと考えるのは自然である。

　米中の対決は、基本的に"覇権闘争"であり、双方は容易に妥協はしないだろう。中国は輸入増や制度改革など多少の譲歩はするかもしれないが、「中国の夢」の根本は変えないだろう。

　アメリカは覇権維持のために強硬な姿勢を貫いているが、トランプ大統領の Deal（取引）による関係調整はあるかもしれない。しかし日本の仲介で、両国が方針を変えたり、妥協をしたりすることは考えられない。双方の妥協や譲歩を引き出すような力は今の日本には考えられないし、その余地もないだろう。今、日本に求められるのは、仲介よりも、米中への理解をもっと深めることではないか。

　アメリカと 65 年にわたり同盟関係を保ってきた実績から、

第 1 章　激変する世界と日本の針路　25

日本はアメリカと相互理解があるものと前提しているが、国際関係や国際政治はそれほど単純なものではない。つねに理解を深める努力が必要であろう。それは、中国については一層重要な課題である。中国は日本の、とりわけ安倍政権を信頼していない。安倍首相も中国に対しては心を開いて理解しようという態度は見せていない。中国もそれを知っており、一定の距離を置いた付き合いになっている。

　米中の仲介といった分不相応な役割を夢想するよりも、日本の将来のために、あらゆる側面で中国と相互理解と相互信頼を深める努力が必要である。——果たして日本のリーダーたちにその意図や覚悟があるだろうか？

第2章　中国経済と米中貿易戦争の行方

津上俊哉（日本国際問題研究所客員研究員・現代中国研究家）

中国経済の三重苦問題

　中国経済は減速するのではないかとずいぶん前から言われていたが、あまり減速をしなかった。ところがここに来て、米中貿易戦争が勃発して以降、時期的に符合する格好で指数が悪化している。需要サイドを見ると、投資が減速をしている。頼みの消費も、節約モードに入ってしまった感があり、減速をしている。社会全体に先が見えないムードが漂い、前途を悲観するような感覚がある。そんな中、習近平政権は景気の下振れを防止するために、安定成長に力点を置く方向にもう一度舵を切ろうとしている。

　中国経済を見る時、海外では貿易戦争に関心が集まり、中国経済の減速要因を米中の貿易戦争に求めがちだが、それは中国国内の受け止め方とは異なる。私は、中国経済は三重苦（図表1）に直面していると思っている。

　第1は、以前から言われている「債務過剰」である。ここからどう抜け出ていいのか、出口がない。第2は「民営企業を取り巻く厳しい環境」である。民営企業が苦境に立っており、「この国に自分たちの居場所はあるのか」という将来への不安感・悲観が強くなっている。実体的な経済活動の中で、民営セ

> ## 中国経済：ニューエコノミー好調の一方で 経済は三重苦に直面
>
> ### 1. 債務過剰という「老問題」
> - デレバレッジと安定成長を巡る解けない矛盾
> ### 2. 民営企業を取り巻く厳しい環境
> - 不景気、行政の「一刀切」問題、資金調達難
> - 極左言説の横行（我々に居場所はあるのか？）
> - 根底にある「官功なりて民は万骨枯る」構造
> ### 3. 米中貿易戦争
> - 「貿易戦争は避けられる」という読み違い
> - 1と2の悪影響 ≫ 貿易戦争による悪影響

図表1

クターは非常に大きな比重を占めるため、この人たちが前途に自信を持てないとなると、ビジネスマインドは一気に低くなってしまう。

　この二つに「泣きっ面に蜂」のような形で降ってきたのが米中の貿易戦争である。貿易戦争はどちらかというと付け足しで、先の二重苦のほうがよほど深刻だというのが中国国内の受け止め方である。よって、貿易戦争を含めたこの三つで三重苦となる。

　認知バイアスに誘導しないためにも注意喚起させていただきたいが、中国経済の全てが真っ暗と言う訳ではない。ニューエコノミーは好調であり、日本よりもかなり進んでいるという認識は日本国内でも大多数である。特にスマホを舞台としたニューエコノミーは、日本よりはるかに先進的である。ただ、

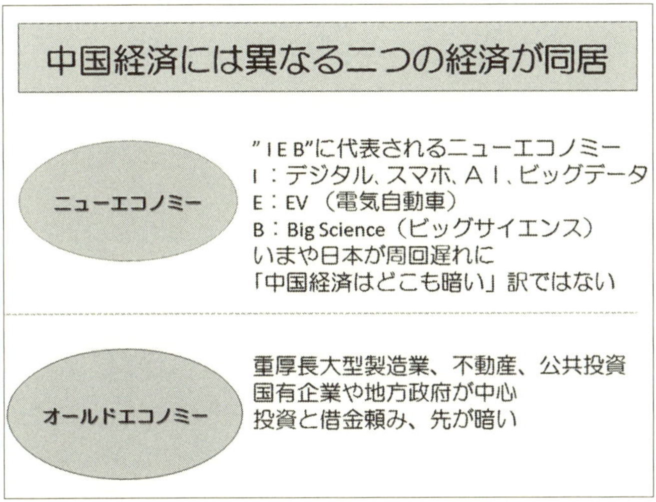

中国経済には異なる二つの経済が同居

ニューエコノミー

"ＩＥＢ"に代表されるニューエコノミー
Ｉ：デジタル、スマホ、ＡＩ、ビッグデータ
Ｅ：EV（電気自動車）
Ｂ：Big Science（ビッグサイエンス）
いまや日本が周回遅れに
「中国経済はどこも暗い」訳ではない

オールドエコノミー

重厚長大型製造業、不動産、公共投資
国有企業や地方政府が中心
投資と借金頼み、先が暗い

図表2

オールドエコノミーが中国の未来を食い尽くすのではないかということが問題になっている（図表2）。こうした一面もあることを踏まえた上で、三重苦の説明をしたい。

債務過剰の問題

　借金・投資依存型の経済成長は、さすがに終点が近くなってきた気がする。2009年に前政権が4兆元投資を始めてから、2018年上半期までで9年半が経った。この間に、中国が行った産業の設備投資、インフラ投資、不動産投資などの年々の固定資産投資額（完成額）を全部積み上げていくと、この9年半で412兆元となった。日本円で約7000兆円、米ドルでは60兆ドルである。これだけ投資をすれば、経済は活性化するだろうが、問題はこの7000兆円相当の大半は有利子負債、返

第2章　中国経済と米中貿易戦争の行方　29

済しなければならない借金でまかなわれていることである。これだけ大量の投資を実施していくと、最初は収益性の高い優良プロジェクトもあるだろうが、次第に優良案件は払底していく。「限界効用の逓減」のようなものである。特に今後は、投資を行っても金利も払いきれないものしか残らなくなる。

　通常の市場経済なら、そこで投資が止まるものだ（時々「This time is different[1]」と勘違いして暴走し、バブル崩壊といったことも起こるが）。しかし中国では、政府の力が強すぎて経済力も政府に偏り過ぎていることもあり、失敗しても最後は政府が何とかしてくれるという甘えがあって、ブレーキがかからない。その結果、投資が一線を超えて暴走している。

　そうすると、投資効率は悪化の一途をたどる。たとえて言うと、「昔なら投資のための借金は10年で完済するのが相場だったが、今は20年かかっても返済しきれない」ようなことが起きる。前の借金を返し終わっていないのと新しい借金が重なる結果、債務残高が一気に膨れ上がる。この債務額を名目のGDPで割った比率は、4兆元投資がスタートしてから急激に上昇している。

　図表3のIMFの警告は、まさにそれを代表するものである。グラフが急激な右肩上がりになっていくと、末路はだいたいこのように降下する。グラフが示す通りバブル崩壊の例はいくつもあり、IMFはここ数年常に、中国も早く軌道修正したほうが良いと警告している。

1　カーメン・M・ラインハート、ケネス・S・ロゴフ著、村井章子訳『国家は破綻する──金融危機の800年』（日経BP社、2011年）を参照。

IMFの警告：債務急増はバブル崩壊を招く

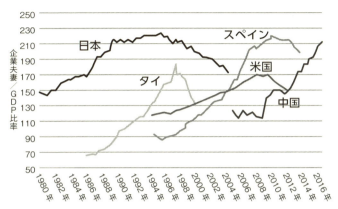

図表3

出典：IMF Global Financial Stability Report 04/2017

　中国政府もその危険性を十二分に認識している。だからこそ習近平は、1期目の2014年に「ニューノーマル[2]」という標語を掲げ、借金と投資頼みの成長モデルを転換したいと志した。2014〜15年の1年半ほどは、ニューノーマル路線がある程度奏功したが、他方、特にオールドエコノミーが奈落の底に落ちる不景気に見舞われた。ところが、2016年に入った途端にこれが一気にリバウンドした。もともと好調だったニューエコノミーに加えて、それまで気息奄々としていたオールドエコノミーも息を吹き返し、2016、17年の中国経済は復調、中国現地法人は予想以上に業績が上振れし、「やはり中国は大切だ」

2　高度成長から持続可能な中高速成長という新たな段階（新常態）への移行を指す。

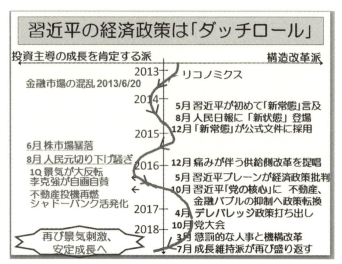

図表4

とばかりに日系企業の中国出張の機会も増えた。非常に喜ばしい話だが、そんなことが起きたのは、政府がまた投資のアクセルを踏んだからである。

しかし、これに刺激されて、不動産登記が中小都市にまで蔓延し、さらに政府の暗黙の保証に寄りかかったリスキーな金融が蔓延した。これに気がついたIMFは、強い警告を発出した。中国の金融当局も慌てて、2017年春頃から厳しく取り締まり始めた。その後の1年間は、デレバレッジ（債務圧縮）という新しい標語で頓挫した新常態路線の仕切り直しを行ってきた。

ところが、そこにまた貿易戦争が起こった。昨年（2018年）7月末の政治局で、安定成長重視にもう一度舵を切ることになったが、ニューノーマル路線は2度目の頓挫かという状況になっている。権力の集中がとても強いといわれる習近平政権だ

が、経済政策に関する限りは、ダッチロール（蛇行）している
としか言いようがない（図表4）。

日本の教訓

　IMFは、「このままいけば、中国の政府、企業、家計の三つ
の債務を合算した債務総額のGDP比率は、数年以内に300％
に達する」という警告を出している。日本はというと、しばら
く前から370〜380％あたりを彷徨している（安倍政権になっ
てから名目GDPは少し伸びるようになったため、少しは歯止
めがかかっているが）。

　ただ、IMFの警告は100％受け止めにくい面もある。「債務
の累積が起きると崩壊する」という考えに立つならば、日本が
真っ先に崩壊しないと理屈が合わない。海外に借金していない
国が、中央財政を酷使する形で成長維持を図る経済政策を行っ
た場合には、そう簡単には倒れない。これは日本の先例が示す
ところである。

　中国もそういった日本の国状に非常に似ている。中国は外資
頼みだという古いイメージがあるかもしれないが、今や中国も、
日本、ドイツに次ぐ世界第3位の債権大国であり、直近の数字
でも1兆7500億ドルほどの対外純資産を保有する国になって
いる。いずれにしても、中国は、海外からネットで見ると借金
をしていない国であるため、中央財政に無理を言わせる格好で
景気の維持を図るとなると、そう簡単に倒れることはない。

　「その負債は、中央財政ではなく企業が借りている借金では
ないか」と言う人もある。BIS（国際決済銀行）の統計でも、
企業債務がかなり膨張している。しかし、ここで言う企業は大

半が国有企業である。そのような国有企業になぜ銀行が資金を貸すかというと、最終的には政府がなんとかしてくれるという暗黙の保証の前提があるからであり、実質的には財政が重荷を背負っている構造は、日本とそう相違はない。

この数年、川上に多い国有企業の収益は大幅改善し、川下に多い民営企業は転嫁できずに収益圧迫という構図が起きている。デレバレッジ（債務圧縮）はいいが、資金を借りて問題を起こしているのは国有企業のはずなのに、引き締めだと私営企業が犠牲になる非対称な構造があるため、2017年以降、民営企業は非常に苦境に立たされてしまっている。

さらに、「習近平政権は極左政権であり、毛沢東マインドを持っている人たちである」という見方が中国内に広がっている。毛沢東マインドの人たちは、社会主義公有制が大事であり、共産党が何でも指令する経済を好んでいることから、民営企業の人たちにとっては、居場所がないという雰囲気である。これも「習近平のせいだ」という怨嗟の声が国内に満ちているが、習近平一人のせいにするのは、物事を単純化しすぎだ。

私はむしろ習近平たちが属する文革世代（1950年代生まれ）が現役の最上位に位置する時期が来たせいで、このような風潮になっているのではないかと想像する。本当のところは分からないが、この世代は文革によって高等教育を受ける機会を奪われて、頭の中は毛沢東という人が多い世代であり、今起きていることを見ると、そのような世代の影響もあるのではないか。

2018年後半になって、今度は手の平を返したように、「中国は民営企業を重視している」と慌てて声をあげるようになった。確かに、税収の5割、GDPの6割、都市雇用の8割は民営企

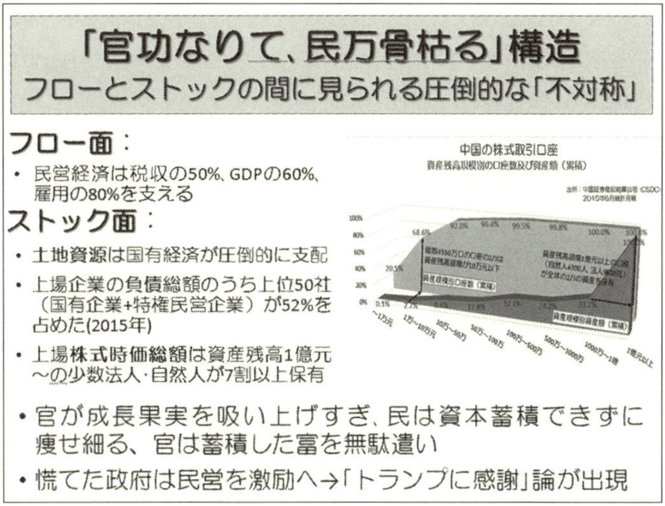

図表5

業が支えているといって評価しているものの、当の民営企業家
たちが「先はない」と暗い思いでいることに変わりはない。そ
うした状況もあり、民営企業家たちに海外に資金を持ち出せる
方法があれば、という潜在的な願望が芽生え資本流出しやすく
なっている。

　前述の税収の５割、GDPの６割、都市雇用の８割は民営企
業が支えているといった政府指導者が賞賛したパーセンテージ
は、フローの数字である。では、ストック面ではどうか。な
かなか統計がないが都市の土地資源は国有であるため、政府
が全て専有している。上場企業の負債は、少数の中央直轄国有
企業の借金であり、同負債総額の内、上位50社（国有企業と
特権民営企業）が52％を占めている。株のバリューは誰が所
有しているかというと、約4500万口座ある株式取引口座の中

第２章　中国経済と米中貿易戦争の行方　35

で、わずか1万5000口座を持つ少数法人が時価総額の7割以上を保有している。中国では、ストックとしての富が圧倒的に官に集中していることが分かる。民営はフローで見てこんなに頑張っている一方、富はこんなに「官」に偏在しているという非対称が、今の中国経済の病根の一つである（図表5）。

米中貿易戦争──双方の内情

2018年夏まで、習近平は貿易戦争は交渉で回避できると思っていた。関税引き上げは自国民に対する増税であるため、いくら何でもそんなことはしないだろうと高を括っていたが、本当に実行してしまった。トランプは常識の通じる人物ではないことを忘れていた。習近平政権の誤算であった。

習近平は、回避できるのなら貿易戦争など止めてもらいたいという気持ちが非常に大きくあった。しかし、面子を重んじる中国にあっては、平謝りは絶対にできない。教条主義的な尖った排外ナショナリズムが、中国の900年の伝統である。習近平は貿易戦争を避けたい気持ちは人一倍強いと思うが、だからといって売国奴の汚名を着るような妥協はできない。

図表6のペンス演説には、さすがの中国人も凍りついてしまった。これで糾弾すべき論点の漏れはないというほど、これでもかと全て出してきた。ただ、この演説を読んだ日本のチャイノロジスト（中国専門家）の多数意見は、「クビの皮一枚は残した」という評価だった。厳しく糾弾しているが、糾弾の対象は習近平であり、中国共産党であり、政府である。一方でペンス演説には「中国国民（Chinese people）は気の毒だ」と書いてある。アメリカ国内には、「チャイニーズは全て敵だ」と

36

「米中冷戦」の始まり？

- **ペンス演説(10/4)の衝撃**（2018年）
  チャーチル「鉄のカーテン演説」に似る？
  中国が米国に仇なしてきた罪状を列挙、
  行いを改めるまで冷戦を継続？

- 過去半世紀北東アジアが前提としてきた
  「良好な米中関係」の時代が終わった
  「冷戦終了・グローバリゼーション」の時代も終わった？

- もはや貿易戦争、経済問題の範疇を超えて、安全保障の脅威
  （戦略的競争相手→「仮想敵国」扱いに近い）
  - ✓ 中国のハイテク投資阻止、中国人技術者、留学生を締め出す
  - ✓「データを巡る攻防戦」（「デジタル一帯一路」）
  - ✓ ZTE(中興通訊)型の制裁もまた来る？→「とばっちり二次災害」

図表6

　言わんばかりの人もおり、ナヴァロがその典型例であるが、留学生まで締め出せという勢いである。それに比べると皮一枚残っている。

　いずれにしても、完全に米中の関係が変わってしまった。これは、我々が、想像している以上の深大な影響を及ぼすだろう。毛沢東とニクソンが会ってから過去50年間、東アジア諸国は米国と中国の関係はそう悪くないことを前提として外交や経済を組み立ててきた。中国も突然、その前提に変更通告を受けて茫然自失している。特に北東アジア経済は、これから大変な苦難が待っている。今、親中派はワシントンDCから姿を消したかのようだ。トランプ大統領を巡って激しい政争を繰り広げる議会の共和・民主両党も、ことに「中国には強く当たれ」という点では団結している（ただ、その先には何のコンセンサスも

第2章　中国経済と米中貿易戦争の行方　37

あるように見えないが)。

　貿易戦争における米国側の内情をモデル化すると、「冷戦派」、「自由貿易派」、「反貿易派」の三つのキャンプ（立場）があると考えられる。冷戦派や自由貿易派は、基本的には自由貿易体制維持を支持し、反貿易派は自由貿易体制自体を否定する点が決定的に異なっている。冷戦派、自由貿易派は、今は同盟国も結束して中国に焦点を当てる時期であるにもかかわらず、トランプ大統領は、同盟国まで敵に回していると批判している。反貿易派は、日本も巨額の貿易黒字を計上しているのだから、その点では中国と同罪である。2019年は、円高か輸出自主規制かどちらか選択しろ、と詰め寄る勢いである。

　「中国が本当に反省して貿易歪曲的な行動を止めると言うなら、その時は許すのか」と自由貿易派に尋ねると、「今まで何度も騙されているので信用できないが」と態度を保留する。冷戦派は、「中国が経済学の王道に戻って、また成長し始めると、それはそれで困る」という。今の懸念事項は、何かと問題が多い反貿易派がホワイトハウスを牛耳っているということだ。

　2018年9月、ワシントンで「デカップリング（切り離し）」という言葉がバズワード（流行語）になった。深くなりすぎた米中の経済関係を制裁措置（関税）で断ち切って、製造業を米国に呼び戻す。そうやってクロスボーダーの経済関係を縮小させることを「デカップリング」と呼ぶ習いになりつつある。

　しかし、馬鹿げた考えだ。工場や仕事が仮に戻ったとして、何が起きるか。例えば、iPhoneは今の3倍の値段になるだろう。そうなればマーケットは大幅にシュリンク（縮小）する。衣類も、今のユニクロのような低値段ではなくなる。20〜30年前

に工業製品がどれほどの値段だったか、そんな昔に戻る覚悟があるのか。そこを不問に付したまま、工場や仕事を奪われた点だけを見るのが反貿易派の人たちである。

トランプ自身は、反貿易で頭が凝り固まっている人物ではない。彼は、今この3派をホワイトハウスの中に抱え込んでいるが、そのタイミングが来れば、その時の情勢で一番都合の良い主張をつまみ食い（pick & choose）するだろう。ブエノスアイレスG20の合意は、正にそういうことだった。

トランプが交渉による解決に傾く（2018年11月〜2019年4月）

G20が行われた2018年11月末の3週間前、シンガポールで王岐山副主席とハンク・ポールソン元財務長官が会談している。お膳立てをしたのは金融ニュースサイトを運営するブルームバーグ氏だ。ニューヨーク市長も務めた民主党の人だが、トランプ氏とはニューヨーク繋がりだろう。この場で貿易戦争を円満に終息させる点で、中国と米国金融界は利害の一致をみて、金融界はトランプ大統領への働きかけを強めたのではないか。それが証拠に、数日後ホワイトハウスの強硬派ナヴァロ氏が「金融界は米中交渉に介入するな」と吠えている。その後、貿易戦争の激化を望まない両国の穏健派のお膳立ての上に、G20の休戦合意が成立したとみられる。

これ以降、トランプのホワイトハウスと冷戦派の路線は、別々の道を歩み始めた印象がある。

米中交渉に関するトランプのツイートはめっきり軟化し、「自分がディールを成功させて中国から大きな譲歩を勝ち取る」ことをへの期待を煽り始める（図表7参照）。とくに2018

図表 7　トランプ大統領の発言（ツイート、対プレス発言）

2018/12/30	習近平主席との非常に良い電話階段を終えた。交渉は非常に上手く行っている。非常に包括的でゆる論点・問題点をカバーするものになるだろう。重大な進展が生まれつつある！
2019/1/31	中国代表者（劉鶴）と面会。最後は友人習近平主席と私が会って長年の難しい問題について話し合って、合意して決まる。非常に包括的な取引だ。 中国の代表者と私は、問題を漏らさず解決する解決する完璧な合意を目指している。全ての問題が話し合われ、たぶん解決する。
2019/2/17	中国との貿易交渉について、スタッフと重要な会議や電話。様々な分野について重大な進展がある。
2019/2/26	交渉は実質的な進展があった。中国との合意は、とても近づいている。習近平主席と調印式を行うことになるだろう。 合意が成立すれば、米国農家は今までにない有利な待遇を得られるだろう！
2019/3/9	合意が成立すれば、米国株は非常に大きく上げるだろう。
2019/4/5	まだ仕事は残っているがコーナーは回った。合意の枠組み作りに４週、紙に落とすのにさらに２週。合意は「記念碑」的なものになる。

　年末に米国株式市場が米連銀の金融引き締めを警戒して大きく下落してからは、経済に悪影響を及ぼすことを恐れる風が顕著になっていく。

　同時に、中国側もこれに呼応するかのように、米国産品の大量買い付けにより対米貿易黒字を大幅に削減する提案をした（時々の報道による）、米側が問題視している知財権の移転強制についても法改正によって行政機関の強制を禁ずる措置をとるなど、大胆な譲歩を重ねていく。

　中国が大幅な譲歩を提案した背景は三つあると思われる。

① 2018年第4四半期に中国経済が急減速し、これ以上の経済落ち込みを何とか回避したかった（米中貿易戦争による影響よりも、むしろ 2017年以来の金融引き締めや民営

40

企業家のビジネスマインド悪化の影響の方が大きかったと思われるが)。

② ペンス演説以来の米側対中姿勢の深刻化を憂い、何とかこれ以上の米中関係の悪化を避けたかった（政治局がこの趣旨で「不対抗、不打冷戦、按照伐開放、国家核心利益不退譲」の21文字方針を決定したという観測も流れた）。

③ 当初の休戦期間がクリスマスや正月を挟んでわずか90日（3月1日まで）しかなく、トランプ政権を話し合い解決に引き込むには、最初にインパクトのある譲歩をアピールする必要に迫られたのではないか（推測）。

冷戦派は一段と強硬策に傾斜

一方で、冷戦派はこの頃から強硬手段に傾斜していく。

① 12月初め、カナダ官憲が米当局の要請に基づいて、ファーウェイ創業者の娘である孟晩舟CFO（最高財務責任者）を逮捕した。

② 米国が同盟国に中国製通信機器の利用を止めるように要請し、日本政府はこれに応じて、12月10日、政府調達について、事実上ファーウェイ等の機器を対象としないための各省庁申し合わせを行った（通信事業者に対しても同旨の働きかけをすると伝えられた。もっとも、この申し合わせは極めて抽象的で、実際にも日本政府はファーウェイを明確に排除すると決めた訳ではないとの観測もある）。

これらを推進しているのは、主に国防や諜報に関わる組織や人々で、トランプ大統領の「貿易戦争」からは独立した動きだ。「九十日交渉」の結果によって撤回されることもない。

　中国通信機器企業に懸けられた安全保障上の嫌疑は、証拠が示されず、全て「疑い、おそれ」でしかない。また、孟女史の逮捕は「そこまでやるか」と、中国に甚大な衝撃を与えた。今の米中貿易戦争を「冷戦の始まり」とみるのは早すぎるかもしれないが、ことにIT領域に関しては、「冷戦が始まった」と言わざるを得ない。

順調だった貿易交渉の頓挫・貿易戦争の再燃

　ホワイトハウスと冷戦派がそれぞれ我が道を行くような奇妙な分裂は2019年4月まで続く。

　貿易交渉は2月末に大きな進展をみて期限が延長され、3月末には「（合意文書について）文言上の進展があった」と新華社が報じ、米側でもトランプ大統領が前向きなツイートをしたことから、5月中にも妥結するのではないかという楽観論が高まった。

　一方で、ハイテク冷戦の動きはいっそう過激化した。きっかけになったのは、中国製通信機器を排除する動きに加われという米国の要請に対して、ドイツ、果ては情報機関間で最も密接な協力関係にあるはずの英国まで米側の徹底した排除の方針になかなか同意しなかったことだ。これに怒り、危機感を高めた米国政府は、中国排除の方針をさらに強化していく。

　4月末に至り、それまで順調だった貿易交渉が突如頓挫する。報道によると「150頁に及ぶ合意文書を詰めて9割方合意

するところまで来ていたのに、突然中国側が大幅な削除修正を申し入れて「前言を撤回した」という。5月上旬に訪米した劉鶴副総理は「原則問題については絶対に譲れない」とし、その表れとして、①合意成立後も制裁関税を留保するという米側の要求は呑めない、②米国産品の調達は現実的なものであるべき、③合意はバランスが取れたものであるべき（中国だけが義務を負うような片務的なものであってはならない）の3点を挙げた。また、香港報道では、習近平主席が大幅な妥協案に対して「原則は譲れない」と反対し、「責任は私が負う」とも発言したという。

　しかし、この経緯はいぶかしい。習近平主席は直前までの大幅譲歩の方針に承認を与えていたはずであり、この交渉方針の急変は、むしろ習近平主席が昨年2018年末以来進めてきた「交渉決裂、全面貿易戦争は避ける」という方針が覆されたことを意味するのではないか。

　その背景として、次の点を挙げることができる。

①習主席の宥和的な交渉方針は、景気急落が不安視された2018年末の情勢下で生まれたが、その後政府が大幅減税など財政大盤振る舞いで景気を下支えする方針を明らかにした結果、2019年第1四半期の景気は持ち直し、景気先行きに対する緊張感が和らいだこと
②共産党内の保守派・対米強硬派は権力が強化された習近平主席の方針に表立って逆らわずに来たが、合意書案の「不平等」感は高まるばかりなこと
③どれほどトランプ政権と交渉をまとめるべく動いても、傍

らではハイテクを巡る冷戦派の動きは過激化する一方な
ことで、保守派・強硬派の我慢の限度を越えてしまった
こと。

　前後して、中国の官製メディアには保守派の息のかかった強
硬論が次々と載るようになった。さらにはSNS上にも米中交
渉の中身が不平等なものであると暴露された。センシティブな
交渉の中身を一般国民までが知ってしまった以上、今後の交渉
では中国側の譲歩の余地を狭めるだろう。習近平主席は今でも
交渉の円満な解決を望んでいると思われるが、続きは衆人環視
の下で強いプレッシャー受けることになる。
　これに対して、トランプ大統領はただちに猶予していた
2000億ドル分の中国輸入品に対して25％の制裁関税を賦課す
る措置を発表、さらに残る3500億ドル相当の中国輸入品の全
額も制裁関税の対象にする検討に入ることを発表した。
　また、併行して、ファーウェイなどの通信機器に対しては、
下記のように、より直接的な封鎖的な措置が発表され、その来
たるべき影響の大きさに、世界中のIT業界が震撼した。

①米国議会は先だって2018年8月、2019年国防権限法を成
　立させ、2019年8月以降、ファーウェイ、ZTEなど中国
　5社の製品を社内で利用している米国企業は米国政府機
　関と取引できなくなること、2020年8月以降は、この要
　件に該当する企業は国籍を問わず米国政府機関と取引で
　きなくなることを定めていた。
②さらに2019年5月15日、トランプ大統領が米企業が安

全保障上リスクがある企業の通信機器の調達を禁じる大統領令に署名した。名指しはしていないが、中国の通信機器最大手、ファーウェイなどが念頭にある。また、同日付けで、輸出管理改革法（ECRA）により、高度な米国技術が全体の付加価値の25％以上含まれる製品・サービスを中国に輸出する場合、輸出者の国籍を問わず米国政府の輸出許可を必要とする（高度技術の対中輸出は許可しない）規制が発表され得た。

これは「安全保障」の名の下に、IT・ハイテク機器に関して「中国には売るな／中国から買うな」という事実上のボイコットを強制するもので、自由貿易を旨とするWTOルールは、IT領域については事実上適用されなくなるも同然だ。

トランプ大統領は中国側の交渉態度急変を知って、ただちに貿易戦争への流れを再開したが、来年の大統領選挙を控えて、内心では中国側の譲歩を勝ち取って交渉をまとめたいはずだ。現に2019年5月下旬には「ファーウェイは非常に危険な会社だが、貿易交渉ではその問題も含めて話し合うことが可能だ」とも発言している。上記のように中国の保守・強硬派が「トランプ大統領との貿易交渉で譲歩しても、ハイテク冷戦を巡る米国の中国攻撃の手が一向に緩まない」ことに不満と不信感を強めているのならば、トランプ大統領が「その問題も交渉のテーブルに載せないとディールができない」と判断するのは理に適っている。

しかし、冷戦派はそんなトランプ大統領の考え方を認めそうにない。そもそもハイテク冷戦で米国が実力行使に出たのは

2018年4月中国企業ZTE社がイラン制裁に違反したことを理由に、米国企業が同社と取引することを禁止したのが最初だった。そのせいでZTE社は主力商品スマホに不可欠な半導体の調達が出来なくなり、一時は倒産が危惧されたほどの効き目が現れたが、トランプ大統領は同年5月、善処を求める習近平主席からの電話を受けると、同社の制裁を弱めてしまった。

冷戦派はこの決定を裏切りだと怒っており、それが（大統領が容喙できない）立法措置で対中制裁を進めようとする2019年国防権限法以来の流れを形作ったとも言われている。この流れからすれば、冷戦派は上記のトランプ発言を「再び裏切ろうとしている」と見て、阻止に動くだろう。

どちらも指導者の背後で強硬派がネジを巻くとすれば、この交渉は単純にはまとまらないだろう。

デジタル生態圏のブロック化？

21世紀は、米国（および同盟国）ブロックと中国ブロックが「デジタル経済」で対峙する時代になるかもしれない。その場合、米国の同盟国は「米中いずれの側につくのか？」と、踏み絵を踏まされそうだ。

しかし、今の流れからすると、この新しい「ブロック化」は、固く閉じた閉鎖的な米国ブロックと、その外側に拡がる緩い中国ブロックの対比として進むのではないか。閉鎖や監視が技術の進化や経済の発達を阻害することは言うまでもない。

米国には「技術は中国より米国が上」という思い込みがあるようだが、こと次世代の5G通信については、既に中国の技術レベルが西側を上回っているという見方がある。しかもコスト

がずっと安い。その結果、「IT冷戦を始めたことが、5Gの導くIoT競争で米国ブロックが中国に後れを取る『敗着』になった」という結末も十分あり得る。

最近米国が採る措置は、安全保障懸念に駆られるあまり、冷静さと思慮を欠いている。米国は「修正力」のある国だが、そうやって過ちを修正するまでの間、冷戦の道連れにされる同盟国はいい迷惑だ。

中国異質論の根っこは「追いつけ」意識

一方で、この数年中国が採ってきた姿勢が今日の深刻な米中対立の引き金を引いたことは否めない。特に、中国が「やがて米国を追い抜いて世界一の国になる」、「新しい国際秩序を自国の手で打ち立てる」と公言すれば、現覇権国として世界秩序を守る役割を果たしてきた米国と摩擦が起こるのは必然だ。

今の中国が我々に感じさせる違和感の根源は、キャッチアップしたいという過剰な願望にある。「中華民族の偉大な復興」は、まさにキャッチアップ願望の表出である（図表8）。日本も1980年頃までは、「欧米に追いつけ追い越せ」が国民全体の悲願であった。その過程で、ターゲティング（標的市場）と言われる産業政策を行い、鉄鋼、自動車、半導体と、欧米から警戒を強められた時期があった。しかし、80年代西欧へのキャッチアップを達成したことに気がついた頃から、日本では産業政策にドライブをかけるメンタリティが消えていった気がする。その後は、「各人が各様の目標を目指して頑張ろう、では解散！」のようなムードになり、80年以降、日本の産業政策はことさら力を入れて行われなくなった。

第2章　中国経済と米中貿易戦争の行方　47

中国異質論の根っこは「追いつけ」意識

日本と中国のキャッチアップ：類似点と相違点　（FT中文版への投稿）

	1980年代までの日本と いまの中国は類似	1980年代～の日本と 今後の中国は違う道を歩む	仮定の話
日本	○敗戦後の「追いつけ追い越せ」 （国家目標） ○ターゲティング型産業政策 鉄鋼、自動車、半導体…欧米に 警戒感与えた	○西欧にキャッチアップ達成 その「達成」感覚とともに 産業政策は廃れた ○官民が共有する国家目標は 消えて、後は「各自各様」に	○もしキャッチアップ後 も産業政策を続けたら ⇒自由貿易体制から除名 されていた？
中国	○2049「中華民族の偉大な復興」 （国家目標） ○中国制造2025(ターゲティング) AI、ビッグデータで米国に警戒 感与える	○「中華民族の偉大な復興」 ＝世界一になること ○米を抜く日までターゲティング 政策も止めない？	○もし後30年、産業政策を 続けたら？ ⇒除名できない代わりに 自由貿易体制が崩壊

- ストックを過剰支配する官が他国を圧倒する資源を産業投入
- 麻雀の例え: 独り勝ちを続ければ他の人は遊んでくれなくなる
- 中国は自由貿易体制崩壊の覚悟とその後の備えがあるのか？

図表8

　中国は、アメリカを追い抜くまで、中華民族の偉大な復興を目指してターゲティング型産業政策などなりふり構わぬ「追いつけ」政策を、あと30年は続けるつもりだろう。しかしこれから30年、今のようなことを続けていけば、中国の規模、影響力からして自由貿易体制が崩壊する結果になるだろう。しかし、自由貿易体制を崩壊させて、その後はこうするという覚悟と目論見が中国にあるのかと問いたい。そこまでの覚悟がないなら、考え直したほうがよい。中国は「2世紀前の今のアメリカの地位は、自分（中国）が座っていた場所であり、そこへ戻ることが近世に受けた屈辱をそそぐのだ」と言いたいのだろう。その気持ちは分かるが、問題は、そのために中国はこれからどの程度の代償を払うのかに頭が及んでいないことだ。追い抜きたいという願望が強いため、知財権を盗むことにも良心の呵責

を感じない。そういうメンタリティである。他の国は、中国の
そうしたゲームにはもう付き合いきれない限界まで来てしまっ
ている。

米中貿易戦争が世界経済に与える影響

　中国は簡単には降参はしないし、屈服するような合意もでき
ない国である。米国のタカ派（Economic hawk）を中心に、
貿易戦争は長期化する恐れが非常に強い。

　2018年夏、「貿易戦争による経済への影響を計量モデルでシ
ミュレーションしてみたが、影響は軽微だ」と言うエコノミス
トが多数いたため、私は非常にショックを受けた。こういうシ
ミュレーションにはGTAP（応用一般均衡モデル）というモ
デルを使用するが、価格が上がると、どの程度の代替効果が
起きてほかの需要に流れるか、A国から買うのをやめてB国
へ移るかという、極めてプリミティブ（原始的）なシミュレー
ションしかしていない。

　しかし、今のグローバルサプライチェーンは、こうした簡単
なモデルで挙動がシミュレーションできるものではない。東北
の大地震の際、茨城か福島のマイコン工場が止まった途端に
世界中の自動車メーカーがあわてふためいたという話があっ
た。そういうオンリーワンのような工場がサプライチェーンの
中に多く入っており、ある意味では非常に脆く、効率的な反面
ショックに弱い。

　そういうサプライチェーンに関税で貿易戦争という余計なス
トレスをかけているのがトランプ政権だ。アメリカの政府調達
からファーウェイの機材を使用している企業を全部閉め出すと

第2章　中国経済と米中貿易戦争の行方　49

いったことも、その中に含まれている。特に、今後、事態が悪化し、中国からの輸入全額に25％の関税をかける全面貿易戦争に発展した場合は、北東アジア全域が間接的に制裁対象に晒されているのと変わらない状態になる。中国の輸出の裏側に、日本、韓国、台湾等から、部品や素材などの形で中国へ輸出しているものがどれだけ入っているのか、それを考えれば、ただならぬことである。

　加えて、今は悪材料がゾロ目のように揃っている。アメリカの利上げ等、アメリカの経済成長はピークアウトしたという報道もあった。新興国経済もドルの流動性の収縮で足下がおぼつかない。Brexitに関しても、これから嫌なニュースが伝わってくる可能性もかなり高い。中国経済の減速リスクも既に現実的なものになってきている。IMFは、今の世界経済の成長の３分の１は中国だと言っている。逆もまた真なりで、これが減速する時は、全てがその影響を受け、世界中で不確定要素が増大している。さらには、米中の貿易戦争で、鉄鋼、NAFTA、自動車と、悪材料がスロットマシーンの目のように揃い踏みである。こうした不透明さに誰しもが不安を感じ、新規事業や投資を一斉に見合わせる動きが起きている。

　特にバッドニュースなのは、IT産業が自由貿易の適用除外業種になりかけていることである。今起きている様々な現象でアメリカが行っていることは、全て自由貿易に反することばかりである。ファーウェイの孟晩舟副会長兼CFOの逮捕を受け、アメリカ大使館との意見交換（12月7日）の中で、ファーウェイの製品を使っている企業は全てアメリカの調達から排除するという発言があったが、政府調達協定との整合性などの議論が

米中(ハイテク)冷戦が激化すると…
ITと北東アジアの発展は大きく阻害される

- **WTOでIT自由貿易を推進(96年ITA制定)→世界が変わった;**
  - IT業界でグローバル・サプライチェーンが発達
  - 30年前のスパコンを上回る性能のスマホが10万円で買える時代に
  - ユーザーの激増 → ネット社会がかくも急速に、広範に発展
- **ハイテク分野から始まって、自由貿易が退潮に転ずる?**
  - 最も裨益してきた北東アジア(日・韓・台・中)とIT産業に大きな打撃
  - 米国が過剰反応の悪手を打つと「中国に抜かれる」リスクが逆に増大?
    (例:「中国人技術者を締め出せ」→ 人材が米国から離散)
- **自由貿易退潮の後に来るもの:ブロック経済**
  - アメリカ・ブロック、中華ブロック、欧州ブロック…
  - アメリカ/中華ブロックの狭間に位置する北東アジア(日・韓・台)は経済でも安全保障でも板挟みになり、踏み絵を踏まされる立場に

図表9

あったのか疑問である。こうしたことが行われるようになれば、自由貿易などあっという間に崩壊してしまう(図表9)。

技術者、留学生の締め出しを輸出管理の枠組みで行うなど、中興通訊(ZTE)だけでなく、ファーウェイもアメリカ企業との取引が禁じられるという話になりつつある。こんな「殺傷力」の強い政策を振り回すと、アメリカの長期的な国益もどんどん傷んでいくのに、そういう弊害は全く考慮されていない。

ITは自由貿易の申し子のような業界だった。WTOでITA(ゼロ関税)が結ばれてから20年、グローバルサプライチェーンで一番花開いたのはまさにITだった。このギアがリバースに入ることによって、それで一番利益を享受してきた北東アジアが、最も損害を被る。そういう未来になってしまうのではないかと、不安が募るばかりである。

第2章 中国経済と米中貿易戦争の行方 51

中国のニューエコノミー

　一方、中国のニューエコノミーはもっと注目すべきだ。中国のフィンテックについては、日本でも「中国はいまキャッシュレスになりつつある」と喧伝された。QRコードを読み込んだりすることで送金や決済をするシステムの導入がなぜ中国ですごく進んでいるのかについて、「偽札が多いから」「お札が汚いから、キャッシュレスだとそれに触らなくて済むのがいい」みたいな一見もっともらしい解説が日本で流布しているが、重要なポイントは、フィンテックのサービスを運営している会社が、個人間の決済や送金のサービスで儲けようと考えていないことだ。

　例えば、飲み会の割り勘で一人300元を個人間で送金するのがタダでできる。商業利用でも、料率は0.5〜0.6％ぐらいしかとらない。日本では、いまも電子マネーも含めて3％、4％をカード会社などが抜いている。事業者の手元に3、4％のお金が残る経済と、天引きされる経済でやれるビジネスの範囲がどのぐらい変わるかを考えると、これは大きい数字だ。その結果、中国では5〜10年という世間の相場から見れば大変な勢いで電子決済が広がった。

　さらに、こうしたサービスは全てスマホに載っている。スマホにはGPS機能や利用者が双方向で「☆いくつ」と評価し合う「スコアリング」機能が載っているので、ものすごく便利だ。とくにスタートアップ企業が小規模事業を始める上で、スマホ経済だと、まず売掛回収の心配をしなくていいし、代金徴収のコストがほとんどかからない、そしてサービスが評判になれば検索結果の上位に表示されるから、広告宣伝費もかけなくてい

い。スタートアップ企業に優しい仕組みが、この5年で中国に忽然と現れたのは革命的な出来事だと思う。

もう一つ、ビッグデータについてお話しすると、日本などで言っているビッグデータは匿名データの大きな束だが、中国のビッグデータは全て、身分証番号や名前によって人を同定して紐付けされている。これはプライバシーに関して懸念があるものの、破壊的なぐらい効果がある。中国はいま実証実験をしているが、人類の未来を変えるぐらいすごいことだ。

例えば、人物を紐付けしたビッグデータがあると、取引相手がその人の信用のトラックレコードを入手できるわけでで、スコアリングで900点満点中750点ある人は、まあ大丈夫じゃないかといった取り引きができるようになると、ビジネスのリスクの垣根がドンッと下がり得る。

いま、中国は借金を踏み倒したとか、誰かを訴えた、敗訴したというレコードのある人を誰でもいつでも検索できる。例えば、「身分証番号〇〇の△△さんは、昔、何度か訴えられたが、まだ借金を返していない」というレコードを検索で誰でも入手できる。中国はこういったかたちで、「良い行いをした人は報われて良くない行いをした人は罰せられる」社会をビッグデータでつくっていこうとしている。10年後の中国は、世界で最もルールが守られる社会になるだろうという笑い話もある。

匿名のビッグデータと、個人を全て紐付けしたビッグデータの威力の違いはそういうところに出てくる。これは一党独裁の一番おっかない部分じゃないかという印象が勝つが、実は同じことをやっているのがインド政府だ。インドは文字を書けない人がかなりいるのが動機の一つだと思うが、指紋という生体情

第2章　中国経済と米中貿易戦争の行方　53

報によって金融データや医療機関の受診データなどを全て個人に紐付けして、行政の申請書なども、指紋によって必要なデータが全て呼び起こされて、記入され、プリントアウトされるというデータシステムの普及をどんどん進めている。

エストニアもこうした e 社会の先進国になっていて、日本政府がエストニアに視察団を派遣するなど、どちらが先進国かわからないようなことになっている。ニューエコノミーのこれからは、フィンテックがどうというだけではなく、人類社会がこれからどこに行こうとしているかという話にまで広がるかもしれない。中国ニューエコノミーはそういったすごい未来を提示しているような気がする。

自由貿易体制の堅持：日本にできること

50 年安住していた米中関係の前提が崩れた中で、これから日本はどういう方向性を示せば良いのか。私が思いつくことは唯一、プリンシプル（主義・主張）をしっかりと持ち、米中双方に向かって発言しつつ、自分の居場所を確保すること。その努力を最大限行っていくしかないと思っている。それで全て問題が解消するはずはないが、そうするしかない（図表 10）。

中国に警告を発しながら、説得する努力をしなければならない一方で、アメリカに対しても暴走を抑える必要もある。2019年、トランプ大統領はおそらく WTO から脱退するという戦争を始めるだろう。2018 年に実施した関税の引き上げは、WTOで次々と違法の判定を下されるだろう。トランプは「中国のすることは容認して、アメリカに対しては違法だと WTO が言うなら、アメリカは脱退するまでだ」そんなツイートをするだろ

54

「自由貿易体制」を守る:日本にできること

- **中国の重商主義的傾向に警告、牽制、助言**
  - 日・米・EUの三極通商大臣が**(中国に照準を合わせた)WTO改革**で合意
  - 中国の**ターゲティング型産業政策** – 自由貿易の終焉を加速すると警告
  - ロッテいじめ–「**強大国のやるボイコット**」はWTOルールにそぐわない
  - 林立する地方政府の半導体投資基金 – 相殺関税適用を警告
- **「自由貿易保護」活動(暗黙の「対米ヘッジ」)**
  - TPP11、日・EU EPA、RCEP… : トランプ保護主義の世界拡散を防ぐ
  - "**WTO163**" : トランプは来年「**WTO脱退**」を提起するはず
- **一帯一路(BRI)について**
  - 外交宣伝としては大成功したが、4年前の「大風呂敷」は縮小
  - 「習近平のばらまき・無駄遣い」に対する**国内の反感**
  - 新規:対象国の償還能力の乏しさに直面、既存:**略奪的な債権保全?**
  - 「OECD加盟の勧め」:一帯一路は国際ルール準拠、皆で進めるべし
    ←中国が聴く耳を持つか否かは「**孤立**」をどの程度恐れるかによる

図表10

う。

今後、Brexit 以降の世界経済は、特に金融マーケットがどう動くかにもよるが、一縷の望みとしては、何か大変なことでも起き、やはり保護貿易はまずいという声がもう一度世界中で高まり、皆が少し正気に戻る出来事でもない限り、今のこの潮流は変わらないだろうと思っている。そういう意味では、どちらにせよバンピー(波乱含みで浮き沈みの多い)な未来が待っているということだ。

第3章　世界経済のなかで存在感を高める中国

丸川知雄 （東京大学教授）

1．米中貿易摩擦の展開

　2018年7月6日、アメリカのトランプ政権は通商法301条に基づき、中国からの輸入品340億ドル分に対して25％の関税を上乗せする措置をとった。アメリカの主張によれば、中国はアメリカ企業の技術を盗んだり、中国に進出するアメリカ企業に対してさまざまな手段で技術移転を強制しており、そうした行為に対する制裁として課税するのだという。中国は課税をなんとか回避しようとして、それまでに一定の譲歩をしてきた。すなわち、自動車産業や金融業の外資系企業における外資側の出資比率を従来は50％以下に規制していたが、単独出資による外資進出も認めることにした。

　しかし、こうした譲歩もアメリカの姿勢を変えさせるには至らず、2018年7月の制裁関税発動に至った。それに対して中国はすぐに同規模の報復をもって応じた。8月には米中双方がさらに160億ドル分の輸入に25％の関税を上乗せしあい、9月にはアメリカはさらに2000億ドル分の中国からの輸入に10％の関税を上乗せした。それに対して中国はアメリカからの600億ドル分の輸入に対して5〜10％の関税を上乗せする報復を行った。その後、12月1日の米中首脳会談によって3ヶ月

間は追加的な制裁課税を行わないという「休戦」が取り決められたものの、2019年5月になってアメリカはこの2000億ドル分の輸入に対しても25％の関税を上乗せし、中国も600億ドル分の輸入に対して上乗せする関税率を10〜25％に引き上げる報復を行った。

　アメリカが長らく封印してきた通商法301条が持ち出されてくるなど、米中貿易摩擦は1980年代から90年代にかけて燃え上がった日米貿易摩擦に類似している。ハーバード大学のグレアム・アリソン教授は著書（アリソン、2017）のなかで「トゥキディデスの罠」というキーワードを使って、今日の米中摩擦は、古代ギリシャのアテネ対スパルタの戦いから日米貿易摩擦に至るまで繰り返されたパターンを踏襲していると指摘している。すなわち、経済力や軍事力において第2位の国が覇権国を激しく追い上げるとき、覇権国の不安が高まって、4分の3の確率で戦争に至るという。

　1970年代には日本のGDPはアメリカの3〜4割でしかなかったのが、1985年以降の急速な円高によってアメリカを猛追し、ピーク時の1995年にはアメリカの71％にまでなった。その頃、アメリカでは日本脅威論が高まり、日立の社員が産業スパイ疑惑で逮捕されたり、日本製のスーパーコンピューターがアメリカの政府調達から排除されたりした。中国のGDPがアメリカの63％（2017年）に迫った今日、似たような事件が米中間で起きているのも偶然とは思えない。

　トランプ政権の中国に対する攻撃はハイテク産業における中国の台頭に対する危機感に突き動かされている。ペンス副大統領は2018年10月に行った中国政策に関する演説のなかで、中

国による技術移転強制の背景にはハイテク産業発展計画の「中国製造2025」がある、と警戒感を露わにした。実際、アメリカ政府は中国のハイテクを代表する数社に狙いを定め、アメリカの法律に違反したことを口実にしてきわめて重い処分を下している。

　まず、2018年4月には中国の通信機器メーカー、中興通訊（ZTE）がイランに対してアメリカ製品を搭載した商品を不正に輸出する罪を犯したとして、アメリカ企業が同社と取引することを禁止した。後に米中の政府間交渉によってこの処罰は罰金支払に「減刑」されたものの、ZTEはスマートフォンの生産の一時停止に追い込まれた。そして2019年5月には同じくイランへの不正輸出を理由として華為技術（ファーウェイ）に対しても同様の処分が下された。スマホのような今日のハイテク製品はグローバルなバリューチェーンのなかで作られており、ZTEやファーウェイのスマホにはアメリカ企業が設計したICやソフト、台湾企業が製造したIC、そのICの中にはイギリス企業が設計したCPUコア、日本企業が製造したカメラやチップ部品が搭載されている。

　アメリカ政府は禁輸の対象となった中国企業と取引すれば、第三国の企業であっても政府調達から排除するとまで言っているので、ZTEやファーウェイを重要な取引先とする日本企業にとってもひとごとではない。日本企業はアメリカ政府の顔を立てるのか、それとも中国での商売を重視するのかという股裂き状態に置かれている。5月にはパナソニックが今後ファーウェイとは取引しないという情報が日本側から流れ、それをパナソニック（中国）が否定するという混乱があったが、これな

どはまさに股裂き状態を象徴する事件であった。

米中貿易摩擦に直面して、日米貿易摩擦の教訓をどのように汲み取るかに関して中国国内では二つの異なった立場がある。一つは、日本はアメリカの要求に屈して大幅な譲歩をし、そのために長期にわたる停滞に見舞われたのだから、中国はアメリカの圧力に屈してはならない、という立場である。もう一つは、日本経済の停滞はアメリカに譲歩したから起きたのではなく、むしろ円高の悪影響を懸念して内需を刺激しすぎた結果、バブルに陥ったことが原因なので、中国も過剰に対応してリスクを増大させることをこそ警戒すべきである、という立場である。

筆者は、日米貿易摩擦に関する解釈としては後者が正しく、前者は誤っていると思うが、そもそも今日の中国と1980年代の日本とを同等なものとみなすこと自体に反対である。日本のGDPがアメリカの7割に迫った、というのは円高がもたらした幻影にすぎなかった。それに対して中国がアメリカに迫っているというのはもっとリアルな現実である。

2．中国経済の実力

各国経済の真の実力を測るには、その時々の為替レートに左右される名目GDPよりも、購買力平価で換算したGDPを見たほうがいい。世界銀行が計算した購買力平価換算のGDPをみると、日本がアメリカに最も近づいたのは1991年であったが、その時でも日本のGDPはアメリカの42％にすぎなかった。その後、アメリカと日本との差は徐々に広がり、2017年にはアメリカの28％に下がった。一方、中国の経済規模は1990年には日本の46％、アメリカの19％であったが、1999年に日本

を抜き、2013年にはアメリカを抜いて、2017年にはアメリカの120％となっている。つまり、中国の経済規模はすでに実質的にはアメリカを上回っているのである。

実際、粗鋼生産量をみれば中国は8億7086万トンであるのに対してアメリカはその10分の1の8161万トン、自動車生産台数を見れば中国が2902万台に対してアメリカは1119万台（いずれも2017年）と、工業にかんする限り、中国の経済規模がアメリカを上回っていることを裏付ける数字は枚挙にいとまがない。アメリカが優位にあるサービス産業に関わる指標として航空旅客数をみると、2017年はアメリカが8億4900万人だったのに対し、中国は5億5100万人だった。中国の旅客数は2004年にはアメリカの18％だったが、2017年には65％に高まっている。つまり工業ではすでに中国がアメリカに大きく差をつけているのに対して、サービス業ではアメリカがまだ中国を上回っているものの、中国が急速に追い上げている。

3．世界貿易のなかの中国

中国やアメリカが世界経済に与える影響力を見るうえではGDPの規模よりも貿易額を見たほうがいいであろう。2017年のアメリカの貿易額は3兆9600億ドルであったのに対し、中国は4兆1000億ドルで、中国はアメリカを4％上回っていた。輸出額では中国がアメリカを46％上回っていたのに対して、輸入額では24％少なかった。世界の各国にとって中国とアメリカのいずれがより重要な貿易相手かをみてみると、2016年のデータが揃う世界の195カ国・地域のうち、136カ国・地域では中国との貿易のほうがアメリカより多く、59カ国・地

域ではアメリカのほうが多かった。

このように中国はすでにアメリカを上回る世界一の貿易大国になっている。しかし、中国は労働集約的な低付加価値品を大量に作っているだけではないか、その輸出先もアメリカなど先進国に依存しているではないか、といった見方がいまだに根強い。

中国の貿易における先進国への依存を、国際金融における結びつきと合わせてとらえたのが、ドゥーリーらの再生ブレトンウッズ体制論（Dooley, Folkerts-Landau, and Garber, 2003）である。彼らは中国を含む東アジアとアメリカを相互依存関係として捉えた。中国・東アジアはアメリカへの工業製品の輸出を通じて工業資本の蓄積を進め、経常収支が黒字になれば中央銀行がドルを買い支えることで自国通貨の上昇を抑える。こうして東アジアから資金が還流するため、アメリカは巨額の貿易赤字を続けることが可能になっている。

また、大森（2014）はアメリカと中国の貿易関係を「三角貿易」、すなわち機械や技術集約的な部品が日本や他のアジアから中国へ輸出され、中国で安価な労働力を使って製品が組み立てられてアメリカに輸出される構図としてとらえている。2010年版の『通商白書』も中国を取り巻く貿易関係を同様の構図で描いている。

以上のような見方は2000年代前半の時点ではかなりの妥当性があったと考えられるが、今日では修正が必要である。

第1に、中国はもはやかつてのような低賃金国ではない。ジェトロの調査によると、1995年に中国の一般労働者の賃金水準はアジアのなかではベトナムと並んで最低水準にあったが、

2015年にはタイとマレーシアよりも高くなった。

第2に、中国が輸出において先進国市場に依存する割合は下がっている。中国の輸出先のなかで香港と日本の割合が大きく下落し、北米も下がっている。割合が高まっているのは日本と香港以外のアジア、アフリカ、ラテンアメリカ・カリブ諸国、東ヨーロッパ、中東、ロシア・中央アジア、オセアニアである。これらを「新興国」と総称するならば、中国の輸出のうち新興国向けは2000年には19.6%にすぎなかったのが2015年には42.5%まで上昇した。一方、先進7カ国（G7）向けの輸出の割合は同じ期間に52.2%から40.0%に下がっている。中国の輸入においても、G7からの割合は2000年の40.7%から2015年には30.3%に下がり、新興国からの割合は同じ期間に49.5%から62.8%に上がっている。

つまり、2000年時点では、中国は先進国に向けた労働集約型製造品の輸出にかなり依存していたが、2015年時点ではむしろ新興国から一次産品を輸入し、新興国に家電製品や通信機器を輸出するような関係が強まっている（末廣・田島・丸川編、2018）。

こうした一連のデータが示唆することは、中国が世界経済のなかで「中心性」を持ち始めているということである。21世紀初頭の時点では中国は先進国市場に労働集約的な工業製品を輸出することで外貨を稼ぎ、資本を蓄積する従属的な工業国にすぎなかった。だが、2019年現在、中国は鉱産資源と農産品を世界でもっとも多く輸入し、工業製品を新興国など世界へ向けて吐き出す存在となっている。

世界貿易のなかでの中国の位置が、以上に述べたように21

世紀に入ってから急に変わったのに対して、人々の認識が追いついていない。トランプ政権が中国に対して執拗な関税攻撃をかけているのも、中国は対米輸出に依存する経済だから関税の圧力をかければすぐに音を上げるだろうという思いこみに基づいているように思われる。実際のところ、中国の輸出のうちアメリカ向けの割合は2割ほどに落ちているし、中国の輸出依存度も下がっているので、中国のアメリカ向け輸出額はGDPの3.5％にしかすぎない。中国のGDP成長率は下がってきたとはいえ、なお年率6％を超えているので、ごく大ざっぱな言い方をすれば、仮に対米輸出をすべて失っても、そのダメージは1年の成長で回復できてしまうのである。

4．国際金融における中国

　貿易の面では中国はすでに中心国としての存在感をみせているが、国際金融の世界ではまだとてもアメリカの覇権に挑戦するというような存在ではない。それでも国際金融における中国のポジションは急速な変化を遂げている。

　1993年までの中国は典型的な「発展途上国」であった。貿易収支はしばしば赤字に陥り、外国直接投資の流入によってある程度補っていたが、外貨準備の額は限られていた。1994年に中国は人民元の為替レートを思い切って切り下げるとともに、経常取引に関する為替規制を緩和した。これ以降、中国の国際収支は「新興工業国」の特徴を示すようになった。工業製品の輸出が盛んとなり、貿易収支は常に黒字を記録するようになった。対外開放の拡大により、外国直接投資もどんどん流入するようになった。他方で、投機的な資金の流出入によるリス

クを避けるため、不動産や株などに対する短期資金の流出入は規制され、中国企業の対外直接投資も厳しく統制された。この結果、貿易収支と資本収支（準備以外の金融収支）がともに大幅な黒字という構造がずっと続いた。外貨の流入が流出より多いので、中国の外国為替市場では外貨の売り、人民元の買いの方が多く行われることとなり、このままでは人民元の為替レートが上昇してしまう。そこで中国の中央銀行である中国人民銀行は外国為替市場で外貨（主にドル）を買い、人民元を売ることで人民元の為替レート上昇を抑制した。人民元の対ドル為替レートは 1994 年の 1 ドル＝8.6 元から 1997 年に 8.3 元まで緩やかに上昇したのち、2005 年までその水準に固定され、その後再び緩やかに上昇して 2011 年には 6.5 元となった。この間、中国人民銀行はひたすら外貨買いを続けたため、中国の外貨準備は 1993 年末の 212 億ドルからピーク時の 2014 年前半には 4 兆ドル近くにまで膨れ上がった。

　外貨準備は中国が国際収支の大幅赤字に陥って資金が大量に流出するといった危機への備えとなるので多ければ多いほど安心ではあるものの、外貨準備はアメリカ国債などで保有するのでせっかく稼いだ外貨の運用法としては消極的すぎる。中国政府は外貨準備の一部を投資ファンドにするなど、より積極的に外貨を運用する方向に少しずつ転換してきた。特に 2012 年から中国の国際収支は新たな特徴をみせるようになった。

　第 1 に、それまで小幅の赤字にとどまっていたサービス収支が毎年 2000 億ドル以上もの赤字を示すようになった。これは中国人の海外旅行が増加したことと関係がある。第 2 に、対外直接投資が毎年 1000 億ドル以上の規模で流出するようになっ

た。これは「一帯一路」構想など中国が積極的な対外経済政策を採るようになったことと関係していよう。第3に、「その他投資収支」も年によって大幅な赤字を記録するようになり、投機的な資金の出入りが増えてきたことを示している。

　貿易収支は依然として大幅な黒字であるものの、サービス輸入や対外投資や投機などによる資金の流出も増えた。つまり国際収支の構造からみると中国はすでに「先進工業国」としての特徴を持つようになった。資金の流出が増えたため、人民元の為替レートは上昇一辺倒ではなくなり、特に2018年と2019年は米中貿易戦争への懸念もあって1ドル＝7元近くまで下落している。

　もっとも、人民元を国際通貨としてみると現状ではまだ「新興国」通貨以上のものではない。2017年12月に国際取引の決済に使われた通貨は米ドルが1位で全取引額の41％、次いでユーロ（39％）、ポンド（3.8％）、日本円（3.6％）、カナダドル、スイスフラン、オーストラリアドルと続き、人民元は8位（0.98％）にすぎなかった[1]。人民元はその97％が米ドルと交換されている。つまり、人民元はほぼ米ドルに従属している。それは中国政府が資本取引の自由化に慎重であるため、人民元が国際取引の決済通貨として使い勝手が悪いためである。

5．一帯一路構想とハンバントタ港問題

　3で述べたように、中国は世界最大の貿易大国であり、中国との貿易に依存している国は世界に数多い。今日の世界貿易体

1　SWIFT, The RMB Tracker, January 2018.

第3章　世界経済のなかで存在感を高める中国　65

制では一般特恵関税制度など発展途上国は一定の優遇を受けているが、中国はその貿易額の巨大さから見てもはや普通の発展途上国ではありえない。中国はこれまで世界貿易機関（WTO）や国際通貨基金（IMF）、世界銀行などグローバルな経済ガバナンスの仕組みの恩恵を受けてきたが、これからはこれらの制度の発展に応分の役割を果たしていくことが期待される。実際、IMFでは各国の経済規模に合わせて出資比率の見直しが行われ、2010年には中国の出資比率を4.00％から6.39％に引き上げてアメリカ、日本に次いで世界3位とすることが決まった。ところが、これが実際に発効したのは2016年で、その時すでに中国のGDPは日本の2倍以上になっていたので、発効した時にはすでに時代遅れになっていた。IMFへの各国の出資比率を再度見直すべきだとの議論が起きているが、アメリカは中国の影響力の増大を懸念して反対しているという（「読売新聞」2019年4月11日）。

　先進国が中国に国際機関で応分の役割を果たさせるのではなく、その関与をかえって阻害することによって、中国を国際協調の枠組みの外へ追いやる恐れがある。とりわけ、アメリカがトランプ政権になって、通商法301条や通商拡大法232条、国防権限法などを使って一方的に貿易を制限する措置を乱発していることに対応して、中国もGATTのルールでは許容されない報復措置をとっており、いまグローバルな経済ガバナンスの体制は崩壊の危機にある。攻撃を仕掛けてきたアメリカがより多くの責めを負うべきだというのは当然としても、中国にも世界貿易体制の維持に対して責任を持った対応が望まれる。

　中国が2015年にアジアインフラ開発銀行を設立し、創設メ

ンバーとして57カ国を迎え入れたことは、アジア経済の発展に対して単独行動ではない形で積極的に関与していく姿勢をみせたものとして評価できる。中国が2013年に打ち出した「一帯一路」構想にもやはり積極的かつ国際協調的な対外関与という側面も見られるが、他方でこの構想には自国中心的なニュアンスが伴っていることは否めない。

　もともと「一帯一路」は中国の西部から中央アジアやロシア、東ヨーロッパを貫通して西ヨーロッパに至る経済ベルトと、中国の沿海部から東シナ海、南シナ海、インド洋を抜けて中東、地中海を経てヨーロッパに至るルートの建設という構想であった。これは中国を中心とする経済圏を作る意味があるが、中国との貿易の結びつきが強いのは一帯一路の先にあるヨーロッパよりもむしろ東南アジア、アフリカ、中東、中南米、オセアニアであり、その多くは一帯一路の「沿線国」とされている。

　一帯一路の本当の意義はヨーロッパへの交易路を作ることよりも、中国への資源輸出や中国からの工業製品輸入を通じて中国の経済的影響力が強まっている国々に対して投資や融資を通じて資金を還流することで、その経済発展を促進することにあると考えられる。

　例えば、2017年に38億ドルを費やして中国の技術によりケニアのナイロビとモンバサの間に開通した鉄道は、ケニアにとって、100年前にイギリスが同じ区間に建設した老朽化した鉄道以来の大プロジェクトである。このプロジェクトは第一義的にはケニア自身の経済発展を促進する効果が期待できるであろう。

　一帯一路のプロジェクトの多くは同様に相手国自身の発展と

第3章　世界経済のなかで存在感を高める中国　67

いう側面から評価することが可能であるが、一帯一路という
パッケージをかぶせてしまうと、かえって中国の国益に奉仕す
るものという意味合いを帯びてしまう。

　実際、一帯一路のプロジェクトに対して、相手国の発展を通
じて中国にも裨益（ひえき）するというウィン・ウィンの関係を目指して
いるのではなく、より直接に中国の国益の増大を狙っているの
だという批判の声も少なくない。批判者たちがしばしばその証
拠として挙げるのがスリランカのハンバントタ港である。ハ
ンバントタ港の問題について中国に批判的な立場から詳しく
取り上げた「ニューヨーク・タイムズ」の記事（Abi-Habib,
2018）によれば、事態は次のような経過をたどった。

　このプロジェクトは2005年から2015年まで大統領の任に
あったラージャパクサが推し進めたものであった。経済規模が
小さいスリランカにはすでにコロンボ港があるので、新たに大
型の港を作る意義は小さいというのがフィージビリティ・ス
タディの結論だったが、ラージャパクサは自分の出身地とい
うこともあって強引に推進した。そこに乗ってきたのが中国
で、このプロジェクトに中国輸出入銀行から3億ドル余りの融
資が行われた。ただし、その見返りとして建設工事を中国港湾
工程有限公司に任せるよう中国側が要求した。ハンバントタ
港は2010年に開業したが、利用状況は低調であった。しかし、
ラージャパクサ大統領は港の拡張を決め、中国から新たに7億
5700万ドルの借入を行った。

　2015年の大統領選挙に際しては、ラージャパクサに中国港
湾工程有限公司から選挙資金が提供されたが、彼は選挙に敗れ
た。新たに選出されたシリセーナ大統領は対外債務の削減を目

68

指したが、中国との交渉の中で、中国側からハンバントタ港の経営権を中国企業に任せるよう求められた。こうして2017年にハンバントタ港の99年の経営権が中国側（中国招商局）85％、スリランカ政府港湾局15％の割合で出資した合弁会社に譲渡された。記事では、中国はハンバントタ港の事業化可能性が小さいことを知りながらも融資をすることでスリランカ政府を「債務の罠」にはめ、ハンバントタ港の経営権をまんまと手に入れたように書いてある。ではなぜ中国は収益性の乏しい港を手に入れようとしたのか。ハンバントタ港の軍事利用が目的ではないかという憶測も飛んでいるが、記事によれば、インド政府の働きかけもあって、経営権の譲渡後もスリランカ政府の許可なしには軍の船舶の利用はできないことになっているという。

　ところが、同じ事態も中国側の情報源からみるとだいぶニュアンスを異にする。唐（2017）によれば、まずハンバントタ港の経営権を譲渡された主体は招商局85％、スリランカ港湾局15％の割合で出資したハンバントタ国際港会社の他にもう一社あって、それは招商局49.3％、スリランカ港湾局50.7％の割合で出資したハンバントタ国際港サービス会社であり、前者が港のビジネス面の管理、後者が行政面の管理を請け負うという。また、契約後10年目から出資比率を徐々に調整し、最終的にはいずれも50：50にする。経営権の取得のため、招商局は11億2000万ドルをスリランカ政府に支払った。その時点でスリランカの外貨準備は60億ドルを割り込み、4ヶ月分の輸入額にも満たなかった。

　つまり、唐（2017）のまとめに従えば、招商局の出資比率が

第3章　世界経済のなかで存在感を高める中国　69

高いのは、スリランカ政府を国際収支危機から脱却させること
を当面の優先課題としたからであり、長期的には対等出資へ
持っていくことになっているので、ハンバントタ港が中国に
「租借」された（荒井、2018）、「植民地同然」だ（森、2018）
というのは事態を歪めた表現だということになる。ただ、下野
したラージャパクサの側から、招商局への譲渡契約をまとめた
シリセーナ政権を非難する目的でそのような表現が使われてい
るようである。

　唐（2017）はまた、スリランカ政府は中国とインドとの関係
のバランスをとろうとしていると指摘する。スリランカの大き
な港といえば西部のコロンボ、南部のハンバントタ、そして北
東部のトリンコマリーであるが、トリンコマリーに関しては港
と石油貯蔵施設の経営権をインドとの合弁会社に譲渡する話が
進んでいる。また、中国輸出入銀行からの融資で建設されたハ
ンバントタ近郊のマッタラ空港はインドの会社に貸与されるこ
とになった。スリランカはインドへの依存度を高めすぎないよ
うにするために中国との関係を深めているのだという。

　招商局はハンバントタ港の経営権を取得するかたわらで、そ
の近隣地域に「中国・スリランカ工業団地」を開設した。計画
では50㎢の区域に商業・物流、海産物加工、農産物加工、船
舶サービスなどの産業を誘致するという。今後、3～5年の間
に中国から50億ドルの投資を誘致したいとしている。招商局
は深圳の蛇口輸出加工区を開発した実績があり、そのモデルを
再現することでハンバントタ港の収入を増やしていこうという
戦略が読み取れる。

おわりに

　本稿では 21 世紀に入ったころの中国と今日の中国では、世界経済のなかのポジションが大きく様変わりしたことを指摘してきた。世界銀行の分類では低所得国であった中国は高位中所得国にまで上昇し、2030 年までには高所得国入りするであろう。2001 年にようやく WTO に加盟できた中国は今日世界最大の貿易大国になった。経済規模は名目的にはまだアメリカの 6 割強だが実質的にはすでに上回っているとみられる。国際収支の面からも新興工業国から先進工業国のような特徴を備えるに至っており、すでに先進国並みに対外投資を行っている。

　問題はこうした中国のポジションの激しい変化に、世界および中国自身の認識が追いついていないことである。「途上国」である間は国際経済体制のなかで優遇を受け、自国の発展を第一に考えることが許されるが、「先進国」になれば世界経済や途上国の発展のために貢献することが求められる。「一帯一路」構想にはその両者のニュアンスが感じられ、過渡期の産物であるように思われる。いわゆる「債務の罠」問題も、外国への投融資の経験が浅いなかで、急に手元資金が豊かになった新興国が商業ベースでの投融資をやみくもに拡大しようとして起きた現象のように思われる。これからの中国は相手国の償還可能性や事業の収益性見込みを考慮して、無償援助、ODA ローン、輸出入銀行融資などその他の政府資金（OOF）、商業ベースの融資の組み合わせを考えていくという、「先進国」並みの対外投融資政策が求められよう。

第 3 章　世界経済のなかで存在感を高める中国　71

（参考文献）

Abi-Habib, Maria. "How China Got Sri Lanka to Cough Up a Port", *The New York Times*. July 25, 2018.

荒井悦代「99 年租借地となっても中国を頼るスリランカ」IDE スクエア（https://www.ide.go.jp/Japanese/IDEsquare/Eyes/2018/ISQ201820_021.html）、アジア経済研究所、2018 年 10 月。

アリソン、グレアム（藤原朝子訳）『米中開戦前夜──新旧大国を衝突させる歴史の法則と回避のシナリオ』ダイヤモンド社、2017 年（原著：Allison, Graham. *Destined for War: Can America and China Escape Thucydides's Trap?* Scribe, 2017）

Dooley, Michael P., David Folkerts-Landau, and Peter Garber. "An Essay on the Revived Bretton Woods System" *NBER Working Paper* No.9971, 2003.

森浩「中国に運営権『植民地同然』スリランカのハンバントタ港」『産経ニュース』2018 年 1 月 18 日。

大森拓磨『米中経済と世界変動』岩波書店、2014 年。

末廣昭・田島俊雄・丸川知雄編『中国・新興国ネクサス──新たな世界経済循環』東京大学出版会、2018 年。

唐鵬琪「斯里蘭卡漢班托塔港股権転譲的背景、目的及其意義」『南亜研究季刊』2017 年第 3 期。

第4章　拡大する中国のニューエコノミー
——イノベーションの力が台頭

金　堅敏（富士通総研主席研究員）

　激化する米中貿易紛争は終結の兆しが見えないが、紛争の本質は、貿易不均衡よりも将来の産業／技術に関する主導権争い、そして世界リーダーの座をめぐる争いであると世界の主要メディア、学術界、産業界などは認識しており、米中紛争は長期化に陥ると見る向きがある。ただし、中国の技術力が米国の産業を脅かして世界リーダーの座が争えるまで強くなってきているかは、技術的な視点から疑問が残る。ただ、近年になって、中国のベンチャー活動は活発になり、イノベーションの力が急速に台頭してきているのは確かである。

　では、中国のイノベーション能力はなぜ、急速に高まってきたのか？　中国のイノベーション活動にどのような優位性があるのか？　これらのイノベーション活動は持続可能なのか？そして制約要因は存在していないのか？　などに関して、世界的な関心を寄せている。その解明作業が必要となる。

1.　拡大する中国のニューエコノミー——市場育成と産業育成

　中国では、1980年代にはじまった市場経済移行期に「抓大放小」（大企業をつかみ中小企業を手放す）というスローガンが存在していた。しかし、近年では、「抓新放旧」（新しい産業

をつかみ古い産業を手放す)という言葉をよく耳にする。ニュアンス的には「抓大放小」と逆の方向にあるように思われる。重厚長大産業を主体とする旧経済の整理統合と、「三新経済」(新技術、新産業、新業態)を柱とするニューエコノミーの台頭が際立ってきているのが、最近の中国経済の状況といえる。中国で言う「三新経済」には、「インターネット＋」、IoT、クラウドコンピューティング、ECなどの新産業と新業態等のデジタル経済に限らず、デジタル技術を活かしたスマート製造や、スマホ配車サービスを含むシェアードサービス、ネット技術を活用した新たな農業経営モデル(日本で言う六次産業のような形態)なども含む。最近では、特にビッグデータやAIを活用した新しい産業の育成に力を注いでいる。

中国では、2013年には情報消費奨励政策が策定された。この政策は、情報製品(ハード)、情報サービス・コンテンツ、インターネットによる消費促進を三本柱としているが、ネット利活用を大奨励している。情報消費とは、主にスマホ、スマート家電等のハード機器、デジタルコンテンツやソフト製品などを含むが、情報技術を活かした情報関連消費も情報消費に含まれるという。上述した政策の具体的な手段としては、「ブロードバンドチャイナ」プロジェクトの推進、個人情報保護制度の強化とネット契約の標準化などのネットビジネスに関わるソフト消費環境の整備、ネットビジネスの革新奨励などが盛り込まれた。デジタル技術の進展と普及に伴い、情報消費とオンラインとオフラインの融合がさらに進展し、2017年には情報消費高度化政策が策定され、生活関連情報消費、公共サービス系情報消費(医療、教育、行政サービスなど)、業種系情報消

費（情報消費を支えるインフラ）、新型情報製品消費（AR/VR、スマート・コネクティドカー、スマートサービスロボット等）が取り組みの重点領域として指定された。続いて 2018 年には「情報消費高度化 3 年アクションプラン」も公布され、新型情報製品供給サイドの高度化、情報技術サービス能力向上、情報消費者の能力向上（Enabling）、快適な情報消費環境整備を行動計画の中心活動としている。

　中国インターネット協会によると、中国における 2018 年の情報消費額（付加価値ベース）は約 84 兆円に達し、対 GDP 比で 6 ％となっている。上述した情報消費高度化政策では、2020 年に情報消費額は、6 兆元（約 100 兆円）を目標としている。他方、供給サイドから見た場合、情報通信産業（電子情報製造業、通信業、ソフトと情報サービス業等を含む）及びデジタル技術による伝統産業の生産性向上や品質向上を合わせた中国のニューエコノミー（中国では、デジタルエコノミーとも言う）は急速に拡大している。図表 1 が示すように、中国の情報通信研究院の測定では、2017 年の中国のデジタル経済の規模（付加価値ベース）は、約 454 兆円（1 元＝ 16.7 円で換算）で GDP の 32.9％に相当するという。これは、10 年前の 2008 年の 80 兆円、GDP 比の 15.2％から飛躍した。2017 年にデジタルエコノミーによる GDP 成長への寄与率は 55％にも達し、デジタル経済は、近年中国経済成長にとって重要な原動力になっている。

　このように、市場育成と産業育成の両方から政策的に推進され、ニューエコノミーが促進された。ただし、オールドエコノミーとは対照的に、中国のニューエコノミーを支える三新産業

第 4 章　拡大する中国のニューエコノミー　75

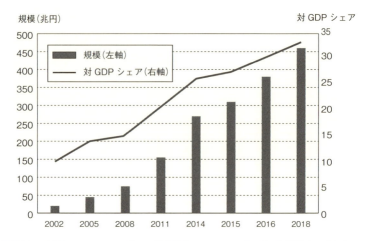

図表1 中国ニューエコノミー（デジタル・エコノミー）の規模とGDPに占めるシェアの推移
出所：CAICT（2018）「中国数字経済発展与就業白皮書」

の台頭は、政策依存の側面もあろうが、起業家の自助努力とベンチャー精神の発揮が大きな背景にあるのを肝に銘じるべきである。

2．中国におけるイノベーションの活発化──システム改革と起業家精神の醸成

　前述したように、中国では、「抓大放小」の政策の下で大規模な資本構造改革が行われた。国有資本は、金融・通信・電力・鉄道などの社会インフラやエネルギー・素材などの上流分野の規制産業や自動車・電子電機・プラント製造などの重要製造業に集中させられ、消費市場に近い産業やネットサービスのような新規産業に対しては資本の自由化が進み、「自由放任」

の状態にあった。つまり、政治的にセンシティブな分野を除き、経済的に規制はしないが、政策的な支援やインセンティブも与えないまま、競争市場に任せている状況にあった。

イノベーションの政策においても、1990 年代後半以降、中国は 2020 年までにイノベーションをドライバーとする「革新国」作りに着手し、技術の自主開発を目指した「自主創新」戦略を推進してきたが、当初の政府主導・国有企業主導の「挙国体制」イノベーションは「重厚長大」の分野に傾いており、民生分野は取り残されていた。

その後、世界中で起きたネットビジネスの流行は中国に刺激を与え、民間資本によるネット企業が雨後の筍のように設立され、ネット産業市場（ネットショッピング、ネット広告、ネットゲーム、ネット支払い、その他ネットを活用したビジネスを含む）は、急成長してきた。民間資本主導の中国のネット産業がこれまで発展できたのは、アリババの馬雲（ジャック・マー）氏、テンセントの馬化騰（ポニー・マー）氏、百度の李彦宏氏（ロビン・リー）らのネット創業者・経営者のチャレンジ精神や経営手腕に負うところが大きいのではないかと評価されよう。特に、かれら経営者あるいは創業者による、中国のネットビジネス環境に見合ったビジネスモデルや収益モデルの革新が成長の源泉にあるのではないかと考える。

ただ、在来の成長パターンで立往生していた経済成長の原動力を模索する中国政府は、規制の隙間をくぐり抜けて強い成長力を見せているネット経済の可能性に政策のプライオリティー（優先）を置き、ネット企業の活力を活用する方向に転換し、民間資本のネットビジネス革新を応援しはじめている。特に、

第 4 章　拡大する中国のニューエコノミー　77

デジタル技術の急速な普及や世界中で生じている新しい産業革命の趨勢を見据え、米シリコンバレーモデルを参考にしながら、ナショナル・イノベーションシステムのさらなる改革に乗り出した。

　中国における新たなイノベーションシステムは、図表2のようにまとめられる。これはピラミッド型イノベーションシステムと言えようが、主にインフラや基盤産業を対象とする政府主導のイノベーション・セクターがピラミッドの頂点に位置する一方で、量産分野・サービスなど既存産業のイノベーションは民間大企業で担う。そして、ピラミッドの底辺部分は、大量の草の根主体（個人やベンチャー）によって行われるイノベーションである。

　この新たなイノベーションシステムの下で、創業を目指す人と経営ノウハウや技術をもった人が集まり、ここから生み出されたイノベーションを産業化するため、イノベーションチームは、エンジェル、ベンチャーキャピタル（VC）やクラウドファンディングを利用して資金を調達し、一人前のベンチャー企業へと成長していくという米シリコンバレーのイメージが、近年中国においても再現されようとしている。また、アリババやテンセントなどの成功は、チャイナドリームを掴もうとするイノベーションチームに勇気を与え、創業を促す力となった。

　中国政府の統計によると、2013年の新規企業登録数は月ベースで20.9万社であったが、2018年は55.8万社と2.7倍に拡大してきた。統計データから単純計算すると、中国の開業率（年間新規設立企業数／前年末の企業総数）は2013年の18.3%から2018年の約23.9%に高まった。もちろん、中国の新規設立

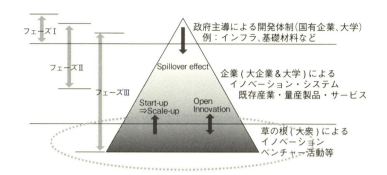

図表2　新たなイノベーションシステムの構築
出所：筆者作成

企業はイノベーションの要素が薄いものも多いが、日本の開業率5％前後は言うまでもなく米国の開業率10%前後をもはるかに超えており、創業活動は非常に活発になっていると評価されよう。実際、国際的に比較可能なベンチャー活動（創業とイノベーションを融合した活動）を促進するために中国は、新規設立された小規模企業にイノベーションの要素を付け加える認定ベンチャーに支援政策を実施している。

3．ネット分野におけるイノベーションの循環

　上述のように、活発なベンチャー活動が中国発の新興企業の台頭をもたらしたことによって、世界へも大きなインパクトを与えている。電子商取引やオンライン決済などを行うアリババやソーシャルメディアWeChatを運営しているテンセントなどのネット巨人は言うまでもなく、ショート動画の作成およびシェアリングを中心としたモバイルアプリのTikTok（ティッ

クトック）を持つ北京字節跳動科技有限公司（Bytedance）や中国版 Uber「滴滴出行」、消費者向けドローン市場世界最大手の DJI などの中国系有力新興企業に関するワールドワードが報道されているニュースをよく目にする。

　日本では、伝統産業分野の中国企業による対日進出のケースは少ないし、目立たないが、いわゆる中国の三新企業による対日進出が加速している。ファーウェイ、レノボ、JDI、BYD（EV メーカー）、ANKER（モバイルバッテリーや急速充電器などのスマートフォン・タブレット関連製品の開発、販売を行うブランド）等のハードウェア企業とともに、いわゆる BAT（百度、アリババ、テンセント）は言うまでもなく、TikTok、「滴滴出行」などのサービス企業が日本市場で目立つようになってきている。

　上述した中国系有力新興企業には、前述したベンチャー企業、いわゆる「ユニコーン企業」（未上場で評価額は 10 億ドルに達したベンチャー）、そして BAT のような巨大ベンチャーの三種類に含まれている。これらの大小ベンチャー企業は、主に北京、上海、深圳、杭州等のベンチャー活動が盛んな地域に集中しており、シリコンバレーのようにエコシステムが形成されている。

　無数のベンチャー企業（欧米では、「スタートアップ企業」という）の一部は、市場競争を勝ち抜いてユニコーン企業へ成長していく。米国の調査会社 CB Insights によると、2019 年4 月 18 日現在、中国のユニコーン企業数は 92 社で 4 年前の 4倍以上となり、米国の 168 社には及ばないが、世界全体の 342社の 27% を占めている（図表 3）。全体的に米国ユニコーンの

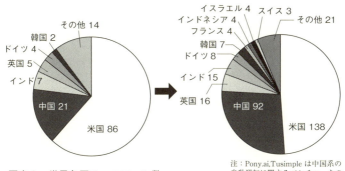

図表3　世界各国のユニコーン数
出所：CB Insights により著者作成

注：Pony.ai, Tusimple は中国系の自動運転に関するベンチャーなので中国ユニコーンにカウント

　技術志向と比べ、中国ユニコーンは、ビジネスモデルの革新などに特徴があるが、AI、ブロックチェーン、ビッグデータ、自動運転、スマートロボット、バイオなどの新技術分野においても増えてきている。

　また、かつてのユニコーン企業であったアリババやテンセントは10億人前後のユーザーを持ち、時価総額は5000億ドル弱（約55兆円）で米国のアマゾンなどのネット大手を追っている。

　他方、これら成功した巨大ベンチャーや上位ユニコーンは、新規ベンチャーや創業者を引き付ける魅力的な存在となり、また新たな草の根のイノベーションムーブメントをサポートする社会的インフラとして機能しはじめている。また、新たなユニコーンを育成・捕獲して自社の経済圏あるいはエコシステムを形成しようとしている。そこで、一つの自己完結的な循環が生まれているとまとめることができる。

第4章　拡大する中国のニューエコノミー　81

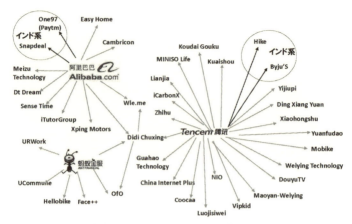

図表4　巨大ネット企業による新規ユニコーンの育成
出所：CB Insights データを参考に筆者作成

　つまり、伝統的な VC 等のファンドがユニコーンの育成に大きな役割を果たしている一方で、巨大プラットフォーム企業 BATJ（BAT + JD ドットコム）、小米や「滴滴出行」などのメガユニコーンは、ベンチャー育成、サポートだけに止まらず、新たなユニコーン育成のプラットフォーム企業になりつつある（図表4）。また、育成されるユニコーンは、これらプラットフォーム企業の「経済圏」の構成員となり、母体企業のビジネス拡大を支えている。他方、ユニコーンの卒業（IPO（上場）等）によって、プラットフォーム企業はキャピタルゲイン（株式売却による利益）を享受することも期待できる。
　実際、中国の巨大ネット企業や上位ユニコーンは、東南アジアやインドに進出し、現地でのベンチャーやユニコーン育成を行い、自社「経済圏」形成に努めている。

４．IoT 時代における中国のイノベーションの優位性

　日本のように長年にわたって築き上げられてきた産業先進国の国々にとって、中国のベンチャー活動が活発になり、新産業が急速に台頭してきているのは理解しづらい側面もあり、その持続性に疑問が出るのも不思議ではない。なぜ、近年になって中国でこれらのネット巨人が急成長し、数多くのユニコーン企業が生まれたのか。その背景には、ネット時代に中国が持ついくつかの優位性が存在しているからと考えられる。

(1)　市場規模の優位性が挙げられる

　個々の消費者平均で見た購買力（消費支出額）は日本の３割程度だが、元々人口が多い点に加えて情報通信技術が発達し、広範囲な市場・大きな購買力がネットによって形成されるようになった。特に、デジタルネイティブ（幼い頃からインターネットやパソコンがある環境で育った世代）の割合が約 40%（米国は約 26%、EU は 31%）と高く、電子商取引のようなデジタル技術を生かした市場は急成長しやすい。企業の立場から見れば、購買力の集積効果によってビジネスの収益均衡点が早く達成される。

(2)　中間人材の優位性

　中国にノーベル賞の受賞者が少ないことからも分かるように世界トップレベルの人材は少ないが、中間レベルの人材は非常に豊富である。OECD の統計によると、2015 年の中国の理工系の研究者は約 162 万人で、米国の約 135 万人、日本の 66 万人を超え、EU28 カ国全体の約 180 万人に匹敵する。また、毎

年の理工系卒業者数（4年制大卒）は170万人以上で、理工系大学院修了者（修士・博士）も30数万人いる。ちなみに、日本は毎年10数万人しかいないので、日中間の差は大きい。これら人材の伝統的な産業における経験は薄いが、デジタルネイティブとしてニューエコノミー（ネットビジネスをコアとする新経済）分野では平均的に日米欧など先進国と比べ、人材の質でもハングリー精神でも大差はないと筆者の現場の調査から明らかにされている。

　ネット経済を中心とするニューエコノミーにおいては起業コストが大幅に低減されたので、起業家が生まれやすい環境にある。

(3)　資金の優位性
　これまで中国の金融ビジネスは国有金融大手が独占していたため、ベンチャー企業などに供給するリスクマネーも欠けていた。しかし、近年では民間資本の蓄積が進み、いわゆるシード／エンジェルファンド、それにVC、PE（プライベートエクイティ）、銀行融資などの様々な経路を通じて大量の資金が新産業になだれこんできている。日本とは異なって中国では富裕層や起業に成功した者は、年齢が比較的に若く、エンジェルとして初期段階の投資に力を入れることが多い。

　ちなみに、2017年の中国のVC投資総額は400億ドルに達し、米国の830億ドルには及ばないが、日本の20億ドル弱やインドの約35億ドルは言うまでもなく、EU全体の190億ドルをもはるかに超えている。

　また、中国では、フィンテックが発達しており、シリコンバ

レーとのネットワークも充実し、特にスタートアップや中小ビジネスの成長には渡りに船となっている。

(4) 技術のオープンソース化やプラットフォーム経営の世界的な潮流に乗っている

日本・ドイツなどに比べて既存技術の蓄積が浅く、「過去」を守る必要もない中国社会は、技術、製品・サービスのオープンソース化意識が強く、ネットビジネスとの「相性」が合っている。特に、オープンソース化の進展は開発コストの低下をもたらし、新規参入がしやすくなる。近年、中国でベンチャーブームが生じているのは、技術や部品、情報のオープンソース化に負うところが大きいと考えられる。

(5) ニューエコノミーに対する規制の寛容さ

前述したように、もともと中国は、ネット産業に対して経済的に規制はしない一方、政策的な支援やインセンティブも与えないまま、「自由放任」の状態にあった。近年になって、経済成長の新たな原動力を模索する中国政府は、強い成長力を見せているネット経済を中心とするニューエコノミーの可能性に政策のプライオリティーを置き、ネット企業の活力を活用する方向に転換し、「先放後管」(先に自由放任、後でルール化)、「包容審慎」(寛容で慎重：accommodating and prudent) という規制方針をとっている。「包容審慎」規制原則の下で「電子商取引、電子決済、シェア自転車などは急速な発展を遂げた」と李克強首相も自慢するほどである。

第4章　拡大する中国のニューエコノミー　85

⑹ 新技術の受け入れに対する中国人消費者の積極的な態度

　現地での調査や体験で分かるように、中国人消費者は、老若男女を問わず、新技術に群れやすく、「リスク」よりも効用を重んじる消費者特性があるように思われる。例えば、ネット決済にはリスクがあるにもかかわらずスマホ決済を好んで行うことは言うまでもなく、「自動運転」に対する国民の態度に関しても、中国の消費者は欧米より積極的であるという調査結果がある。

5. イノベーション活動の持続性に制約要素も

　このように、中国におけるニューエコノミーが日欧より早く台頭し、米国と並んで世界の先頭に立つことができたのは、前述したいくつかの優位性があったからである。しかし、ネット分野にとどまらず、新経済（ネット経済、ネット経済とリアル経済の融合を含む）におけるイノベーション循環のメカニズムが市場の力によって完成するまでには、いくつかの制約や挑戦が存在する。

ニューエコノミーに入り過ぎた産業政策のフェーズアウトが必要

　アリババやテンセントなどのネット企業を中心とするデジタル産業の隆起は、産業政策ではなくハングリー精神にあふれたベンチャー企業家が海外の技術や民間資金を取り入れ、ビジネスを通じて消費者のニーズを満たして成長してきている（金堅敏（2015）「中国のネットビジネス革新と課題」を参考されたい）一方、図表5が示すように、近年中国で生じているベンチャーブームは、政府の政策支援や政府出資のあるベンチャー

資金の潤沢な供給に依存している側面も否めない。政府資金の導入は、ベンチャービジネスにおいて市場リスクの判断を歪める可能性が高い。実際、太陽光パネル分野では、政府の過剰介入で生産過剰になってしまった苦い経験があり、電気自動車分野では市場ニーズを大幅に超える生産能力が生じている。シリコンバレーにおけるイノベーションの持続性は市場メカニズムによって保障されていることを中国も理解すべきである。

　実際、前述した調査会社 CB Insights の調査によれば、2019年初から4月18日までの新規ユニコーンになったベンチャーは28社あるが、米国の21社を筆頭に、インド2社、そして中国、ドイツ、韓国、オーストリア、フランスがそれぞれ1社ずつ入っている。つまり、中国ベンチャーの新規ユニコーンへの昇進が鈍っている。その背景には、中国においてベンチャーによる資金調達環境が厳しくなっているからであると言われている。政府主導で拡大してきた中国ユニコーンブームが下火になるかどうか注目していく必要がある。

海外情報に対する過剰な統制

　筆者は政治学者ではないので政治的にセンシティブな問題を議論する学識は持ち合わせていないが、海外情報のシャットアウトはイノベーションに欠かせない知識や技術情報の伝播をも阻害する可能性があり、中国のイノベーションの活力が損なわれる可能性も高い。筆者は度々、シリコンバレーのベンチャー活動調査に訪れているが、シリコンバレーの成功経験は、自由闊達な思想文化や少数派・移民への寛容さがあってはじめて成し遂げられたのである。

第4章　拡大する中国のニューエコノミー　87

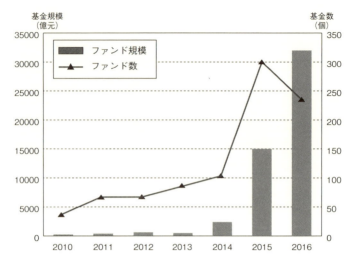

注：政府誘導基金は新規産業育成や産業高度化を推進するために設立されたもので、その一部は「創業投資基金」となっている。

図表5　政府誘導基金の設立状況

中国の在来産業のデジタルトランスフォーメーションの大きな遅れ

　中国のニューエコノミー分野は先進諸国と引けを取らないと評価できるが、在来産業では大きく後塵を拝している。中国のニューエコノミーの成長力が在来産業と融合し、在来産業が収益性や革新力に富む産業として生まれ変わることができるのかは課題として残る。

　中国では、スマホ決済による在来金融サービス（銀行業、保険業、資産運用業など）の変革、フィンテックを活用した電車やバスなどの交通インフラのスマート化、シェアバイクの勃興による在来自転車産業の変身、IoTやAI技術による物流システムの近代化、メディカルモールの創設など、ニューエコノ

ミーサイドからオールドエコノミーへの「領空侵犯」が生じる
ケースが数多くみられる。在来産業において、家電メーカーの
ハイアールが社内部門をイノベーションユニットに分解して
HOPE（Haier Open Partnership Ecosystem）を構築するなど
の取組みも見られたが、全体として、特に製造業のデジタル化
への対応で評価しうるような成功事例はまだ少なく、今後の経
過を見て判断する必要がある。

　このように、中国における創新駆動の経済成長への転換が成
功するためには、ニューエコノミー分野に限らず、在来産業を
も含む経済産業全体が革新的な体質に変化していく必要がある。
進展は見られるが、様々な挑戦も待ち受けている。

第5章 「一帯一路」構想は何を目指すか

朱　炎（拓殖大学教授）

1．一帯一路構想の概要

「一帯一路」（英語では The Belt and Road Initiatives（B&R, BRI）と表現する）は、中国が主導する地域経済協力の新しい枠組みであり、二つのシルクロードに沿って、沿線国と経済協力関係を構築することを目指す。

そのうち、シルクロード経済帯（一帯、Belt）は2013年9月に習近平主席がカザフスタン訪問中に提案したものであり、中国から中央アジア、中東経由でヨーロッパまでの地域をカバーする。

21世紀海上シルクロード（一路、Road）は、2013年10月習近平主席がインドネシア訪問中に提案したもので、東南アジア、太平洋島嶼国、南アジア、中東、地中海経由してヨーロッパまでの地域をカバーする。

この地域経済協力の枠組みは、世界65カ国、人口44億（世界の63％）に及ぶ。関係国を交通網、通信網、エネルギー供給網で「連結」する「互連互通」を図る。相互間の貿易、投資の拡大を通じて、緊密な協力関係を築く。ウィンウィン関係を求め、「国際公共財」になる。

一帯一路の実施は、関係国（一帯一路の沿線国、以下沿線国

と称する）との共同建設を進める。アプローチとしては、中国が一帯一路の共同建設を沿線国に提案し、パッケージを提示し、サポートも用意し、沿線国との共通利益を目指す。沿線国が自らの発展が一帯一路構想との共通点があれば、一帯一路構想に賛同し、中国と共同で推進することになる。

中国は一帯一路の政策理念を5つの「通」で表して、それを実現することを目指している。中国語で表現する5つの「通」は以下の内容が含まれている。

①政策溝通：政策面での協調を図る。
②設施聯通：インフラ施設の連結を実現する。
③貿易暢通：貿易の円滑化を図る。
④資金融通：資金の融通を強化する。
⑤民心相通：国民の心を互いに通い合わせる。

沿線国と一帯一路を共同建設するため、中国側は政策措置のパッケージも用意した。具体的な内容として、まず、一帯一路の計画を各国の発展計画、インフラ建設、産業発展の計画と接続し、政策協調を行う。次に、各国のインフラ整備に中国が協力し、工事請負、BOT（建設・運営・移転）などのPPP（公民連携）方式で建設に参加する。資金的な支援も行う。さらに、「国際産能合作（産業協力）」によって、各国の製造業にも協力し、投資する。

2．中国の狙いとメリット

中国はなぜ一帯一路構想を打ち出し、実施するのか。その狙

いとメリットは以下のようにまとめられる。

第1に、国際戦略的な考えに基づくものである。オバマ政権の後期から、アメリカはアジア・リバランスという戦略を実施した。これに対応して、中国は米国との正面衝突を避け、東ではなく、西へと拓くことを選択した。これは、一帯一路の方向性である。

ちなみに、世界金融危機を契機に、中国は既存の国際金融秩序と援助体制に問題があると認識している。国際金融秩序は米国主導、米ドル中心であり、援助体制は政治的条件付きなものである。中国は一帯一路構想の実施によって、これと異なる形態を模索しようとしている。

中国の発展は大国の勃興であり、これまでの大国勃興は戦争を伴うことが多かった。中国が平和的勃興を図り、経済協力の手段で市場、資源、同盟国を獲得する。一帯一路はこれを実現する手段である。しかも、中国はアジアの一員であり、発展した中国はアジア諸国に協力し、投資、援助などを通じて、アジア諸国の発展を促進する責任がある。加えて、シルクロードはかつて中国の歴史上に強かった時代にあったが、一帯一路構想の実施によって、歴史的な通商路の復活、伝統的な勢力範囲への影響力拡大などにより、中国の復興をイメージする効果もある。

また、中国の一帯一路構想は「中国版マーシャル・プラン」と譬えられる。かつて米国は戦後の欧州復興を支援するため、マーシャル・プランを実施した。マーシャル・プランの成功によって、米国は欧州との同盟関係を築き、国内景気への刺激、米ドルの使用拡大などのメリットを収めた。

第2に、中国に対する経済的メリットである。一般的に、一

92

帯一路構想は国際戦略上で中国に利益をもたらせるが、経済的には援助であるため、利益よりも負担をかけるとみられる。しかし実際、中国にとって、経済的利益も大きい。例えば、中国経済は現在成長減速の状況にあり、様々な問題を抱えている。一帯一路構想の実施によって、例えば沿線国でインフラ整備事業を進めると、国内の余剰生産能力を活用、インフラ輸出を促進し、国内で公共事業の景気刺激策を実施すると同じ効果を図れる。すなわち、一帯一路構想の実施は、中国経済の発展を促進する効果がある。

　また、中国にとって、エネルギー供給の確保、とくにエネルギーの安全な輸送ルートの確保は重要な課題であり、一帯一路による沿線国での港湾開発とパイプライン建設がそれに寄与するであろう。さらに、一帯一路構想の実施に伴い、貿易、直接投資とインフラ整備の展開によって、沿線国での人民元の使用が拡大し、人民元国際化を促進できる。

　一帯一路の実施は、中国国内の地域発展を促進する効果もある。いままでの中国では、東部沿海地域が先に発展し、西部内陸地域は国際市場へのアクセスが遠いという地理的な条件の制約で発展が遅れた。このため、西部大開発が実施された。一帯一路構想の実施により、西部内陸地域は対外開放の最前線となる。したがって、一帯一路構想は西部大開発の新バージョンでもある。

3．資金的バックアップと AIIB の創設

　中国は一帯一路構想の実施に当たって、中国企業の沿線国への直接投資、沿線国でのインフラ整備を促進するため、様々な

金融機関による資金支援の体制を構築した。

　こうした金融機関は一帯一路のために新たに創設された金融機関もあるが、既存の金融機関とファンドを活用することもある。創設された金融機関として、国際金融機関としてのアジアインフラ投資銀行（AIIB）がその代表である（後で詳述する）が、BRICS の 5 カ国の出資で創設した新開発銀行（NDB）、中国の政府系金融機関が出資して設立したシルクロード基金や、ほかの投資ファンドも挙げられる。一方、既存ファンドは主に二国間もしくは多国間協力の投資ファンドも新たに一帯一路に適用することである。詳細は図表 1 で示した通りである。

図表 1　一帯一路関連の金融機関と投資ファンド

	金融機関名	設立時期	資金規模
1	アジアインフラ投資銀行（AIIB）	2015 年 12 月	1000 億ドル
2	BRICS 開発銀行（NDB）	2014 年 7 月	1000 億ドル
3	シルクロード基金	2014 年 12 月	400 億ドル＋ 1000 億元
4	中国・ASEAN 投資合作基金（CAF）	2010 年	100 億ドル
5	中国・ASEAN インフラ専門融資	2015 年	100 億ドル
6	中国・アフリカ発展基金（CADF）	2006 年	50 億ドル
7	アフリカ中小企業融資枠	2011 年	60 億ドル
8	中国・アフリカ産能合作基金	2016 年 1 月	100 億ドル
9	中国・アラブ産業投資基金（CAF）	2013 年	100 億ドル
10	中・中東欧投資合作基金	2013 年 5 月	15 億ドル
11	中・中東欧金融会社	2016 年 11 月	100 億ユーロ
12	中国・欧亜経済合作基金	2014 年 9 月	50 億ドル
13	人民元海外基金、開発銀行、輸入銀行の特別融資枠	2017 年 5 月	6800 億元
14	中国保険投資基金	2016 年 1 月	3000 億元
15	上海協力機構（SCO）開発銀行	準備中	未定

出所：各種資料により筆者まとめ。

　一帯一路構想の実施を支える最も重要な金融機関はアジアインフラ投資銀行（AIIB）である。AIIB はアジア諸国のインフラ整備を支援するため、融資を提供する国際金融機関である。

AIIB の概要と経緯は以下の通りである。2013 年 10 月に、中国の習近平主席がインドネシア訪問中に提案したが、速いスピードで進展し、15 年 12 月に設立し、16 年 1 月には正式に開業した。

AIIB の資本金は 1000 億ドルであり、域内国は 75％、域外国は 25％を出資する。加盟国の経済規模によって出資比率そして議決権比率を決定する。

加盟国は設立時 57 カ国（創設メンバー）であり、18 年 9 月現在、87 カ国・地域に拡大した。そのうち、域内は 50 カ国、域外 37 カ国で構成される。68 カ国はすでに資本金を支払い込んだ。

AIIB の創設と運営は中国主導である。中国は創設の提案者で、最大の出資国であり、事実上の否決権を持っている。AIIB の本社を北京に置き、初代総裁は中国の財政部次官が務めている。中国は 297.8 億ドル、30.5％を出資し、26.2％の議決権を保有している。AIIB の定款により、重大な決定は 75％以上の賛成が必要となり、中国の議決権は 25％を超えたため、事実上の否決権を持っている。ちなみに、アジア開発銀行（ADB）の場合、日本と米国は否決権を持っている。

しかし、構想段階から設立当初にかけて、AIIB に対する批判も多く、問題点を抱えていると指摘されていた。例えば、国際金融機関としての公正性、ガバナンスが疑われる。高い格付けを取れないため、資金調達のコストが高くなると懸念される。事業内容がインフラ建設に特化するため、他の国際金融機関と比べ、環境・貧困対策を軽視するとの批判もある。さらに、世界銀行、ADB との競争も懸念される。このような理由で、日

第 5 章　「一帯一路」構想は何を目指すか　95

本と米国は AIIB に参加せず、反対、批判する立場をとっていた。しかし、最近は理解、ある程度の評価へと変化しているが、依然日米が AIIB に参加する可能性は低い。

　AIIB の融資業務もすでに開始し、拡大している。2016 年 4 月に最初の融資案件を認可、公表してから 2018 年 6 月まで、13 カ国に関わる 29 案件を決定し、合計融資額は 59.7 億ドルの実績がある（図表 2）。そのうち、パキスタンとタジキスタンはそれぞれ 2 案件、バングラディッシュとオマーンはそれぞれ 3 案件、インドネシアは 4 案件、インドは 7 案件、ミャンマー、アゼルバイジャン、グルジア、エジプト、フィリピン、中国、トルコはそれぞれ 1 案件となっている。29 案件のうち、19 案件は他の国際金融機関、例えば世界銀行、ADB などとの協調融資である。また、インドで実施する案件は 7 件、融資額は合計 18.14 億ドルで最も多く、インドは AIIB のインフラ整備融資の最大の受益者である。

　一方、日米の不参加で AIIB は高い格付けをされず、資金調達のコストが高くなると心配していたが、実際、最高ランクの格付けを獲得した。2017 年 6 〜 7 月、米国のムーディーズ、スタンダード＆プアーズ、フィッチ・レティグスの世界三大格付会社は、相次いで格付けを公表し、いずれも AIIB に「AAA（トリプル A）」を与えた。ガバナンス体制が評価されたことが理由である。これは、格付けの最高ランクであり、米国や日本の国債、世界銀行や ADB の債券と同ランクである。格付けを与えられ、AIIB は債券発行もできるようになり、2018 年から債券発行の予定がある。

図表2　AIIB の融資実績

発表時期	対象国	事業内容	融資額 (百万ドル)	協調融資
2016 年 6 月	バングラディッシュ	送電事業	165	
	インドネシア	貧困地域の環境改善	216.5	WB
	パキスタン	道路整備	100	ADB など
	タジキスタン	道路整備	27.5	EBRD
2016 年 9 月	パキスタン	水力発電所	300	WB
	ミャンマー	火力発電所	20	IFC, ADB
2016 年 12 月	オマーン	鉄道	36	
	オマーン	港湾	265	
	アゼルバイジャン	ガスのパイプライン	600	WB
2017 年 3 月	インドネシア	地域インフラファンド	100	WB
	インドネシア	水力発電所	125	WB
	バングラディッシュ	天然ガス	60	ADB
2017 年 5 月	インド	送配電	160	WB
2017 年 6 月	ジョージア	道路整備	114	ADB
	インド	インフラファンド	150	
	タジキスタン	水力発電所	60	IDA
2017 年 7 月	インド	農村道路	329	
2017 年 9 月	エジプト	太陽光発電	210	
	インド	送電事業	100	ADB
	アジア諸国	アジア新興国ファンド	150	IFC に出資
	フィリピン	マニラの洪水対策	207.6	WB
2017 年 12 月	インド	バンガロメールメトロ鉄道	335	EIB
	オマーン	通信	239	
	中国	北京の大気汚染	250	
2018 年 2 月	バングラディッシュ	火力発電所	60	
2018 年 4 月	インド	MP 州の鉄道整備	140	WB
2018 年 6 月	インド	投資・インフラファンド	600	
	トルコ	天然ガス貯蔵	600	WB, IDB
	インドネシア	水利	250	WB

注：2018 年 6 月までの実績。
出所：AIIB の発表により筆者まとめ。

4．一帯一路協力の進展──5年間の成果

　一帯一路構想が打ち出されてからすでに5年間経過し、大きな成果を収めている。

　2017 年 5 月 14 ～ 15 日に北京で開催された「一帯一路国際

協力サミットフォーラム」によって、一帯一路が世界でどのように受け入れられたかがわかる。このサミットには世界130以上の国が代表団を派遣し、29カ国の国家元首が出席した。習近平主席が大会で演説し、中国が一帯一路建設に追加支援、各ファンドに合計8800億元（14.1兆円）の追加出資を発表した。サミットの成果として、270以上の協力文書、覚書に調印し、政策協調、インフラ整備、産業・貿易、金融・資金支援、国民生活など多岐にわたる。次回サミットは2019年に中国で開催される予定である。

　5年間の成果を以下の側面から確認できる。まず、関係国との協力関係の構築である。2018年8月まで、中国は101の国と国際機関との間に、一帯一路建設に協力することに関する118の協定、覚書に調印した。「国際産能合作」すなわち産業協力について、38カ国と協定を結んだ。「第三国市場協力」については、フランス、カナダ、日本、シンガポールなどの国と協定を結んだ。

　次に、経済交流の実績である。貿易については、この5年間、中国と沿線国との貿易は5兆ドルを超えた。直接投資については、この5年間、中国の対沿線国直接投資は700億ドルを超え、年間140〜150億ドルであり、中国の対外投資全体に占める割合は約12％である（図表3）。中国企業の投資によって、沿線20数カ国に82の「境外経貿合作区（工業団地）」を設立し、累計投資額は289億ドルに達し、3995社の中国企業が入居し、現地雇用が24.4万人である。

図表3 一帯一路沿線国に対する直接投資（非金融分野）

出所：中国商務部発表により筆者作成。

沿線国でのインフラ整備の状況を工事請負のデータでわかる。新規契約の件数と契約額、従来契約した案件の実施状況を表す工事完成の売り上げはいずれも増加し、中国が海外で行った工事請負全体の5割前後を占めている（図表4）。

図表4　一帯一路沿線国での工事請負　　単位：件、億ドル、％

	新規契約			工事完成	
	案件数	契約額	シェア	売上額	シェア
2014年		862.6	45.0	643.7	45.2
2015年	3,987	926.4	44.1	692.6	45.0
2016年	8,158	1260.3	51.6	759.7	47.7
2017年	7,217	1443.2	54.4	855.3	50.7
18年1―7月	2,240	571.1	45.6	450.8	53.8

注：シェアは中国の対外工事請負全体に占めるシェア。
出所：中国商務部発表により筆者作成。

金融分野においても様々な実績がある。AIIB の場合、すでにふれたが、2018 年 6 月まで、融資実績は、13 カ国と関連する 29 案件、融資額は 59.7 億ドルである。シルクロード基金の場合、2018 年 4 月までに 19 の投資案件に調印し、承諾投資（出資）額 74 億ドルである。中国国家開発銀行の場合は、2017 年末まで、沿線国における融資は累計で 1800 億ドルを超えた。沿線国との金融協力については、中国は沿線 27 カ国政府と「一帯一路融資ガイドライン」を共同作成し、うち 17 カ国と調印した。中国の 11 の銀行が 27 の沿線国に 71 の支店を開設している。最後に、中国は一帯一路建設の案件について、世界銀行、ADB など、他の地域開発銀行とも協力関係を構築した。

5．進行中の一帯一路関連の主要案件

　まず中国は、政策協調、すなわち一帯一路構想と関係国の計画・構想と接続し、すり合わせることを進めている。例えば、ロシアの「ユーロシア経済同盟」、ASEAN の連結計画、カザフスタンの「光明の道」、トルコの「中部回廊」、モンゴルの「発展の道」、ベトナムの「二廊一圏」、英国の「イングランド北部経済センター」、ポーランドの「琥珀の道」などの例が挙げられ、すでに関係国と合意してある。

　次に、いくつかの経済回廊の建設である。中国・パキスタン経済回廊、中露蒙経済回廊（中国、ロシア、モンゴル）、新ユーラシアランドブリッジ経済回廊は、建設に力を入れる三大経済回廊である。ほかには、中国・インドシナ半島経済回廊、孟中印緬経済回廊（バングラディッシュ、中国、インド、ミャンマー）も推進する。

図表5　典型的な PPP 案件

所在国	事業内容	総工事費億ドル	中国側企業	運営方式等	状態
バングラディッシュ	PAYRA 石炭火力発電所、2＊660MW		中国機械輸出入	BOO、25年	建設中
ミャンマー	チャオピュー経済特区の港と工業団地		ＣＩＴＩＣグループ	DBFOT、50＋25年	調印済み
カンボジア	カンザイ水力発電所	2.8	中国水電国際	BOT、40年	操業中
パキスタン	カシム港石炭火力発電所、2＊660MW	20.85	中国電力建設	BOO、30年	建設中
エチオピア、ジブチ	電気鉄道、752km	40	中国土木、中国中鉄	EPC＋OM、6年間運営	完成、運営中
ジャマイカ	H2K高速道路、66km	7.34	中国港湾、中交国際など	BOT、50年	開通
カンボジア	エレサイ水力発電所、338MW	5.78	中国華電	BOT、30年	操業中
パキスタン	風力発電、50MK	1.3	中国水電建設顧問	EPC＋O&M、20年	操業中
コロンビア	Mar2高速道路、245km	6.56	中国港湾	BOT、29年	建設中
スリランカ	コロンボ港周辺エリアの総合開発	13.96	中国港湾	BOOT	建設中

注：中国財政部発表。
出所：http://www.sohu.com/a/162796406_499052。

　インフラ整備については、完成及び進行中の分野別の主要案件は以下の通りである。鉄道については、インドネシアのジャカルタ・バンドン間の高速鉄道、ラオス初の鉄道、タイ北部鉄道などは建設中にある。アフリカではエチオピア・ジブチ間、ケニアのモンバサ・ナイロビ間の鉄道はすでに開通した。港湾については、パキスタンのグワダル港、ギリシャのピレウス港、スリランカのハンバントタ港などは成功事例である。

　一帯一路関連のインフラ整備の案件に関して、どのように方法で進めたほうが良いのか、中国政府はこれまで海外で実施したインフラ整備の成功事例をモデルケースとして推薦してきた。

財政部は 10 案件、国家発展改革委員会は 44 案件を典型的な
PPP 案件の事例として認定した。こうした案件の実施方法から、
中国政府は一帯一路に関するインフラ整備の望ましい建設と運
営の方法を理解している。図表 5 は中国財政部が公表した、中
国企業が海外で実施したインフラ整備の典型的な PPP 案件で
ある。

　もう一つ進展している事業は、中国からヨーロッパ各国まで
の鉄道輸送であり、後述する。

6．一帯一路の主要事業

　中国が一帯一路建設の実施を通じて、大きな事業を推進する
きっかけを掴むと思われる。以下は主要事業を推進する目標で
ある。

　最も重要な推進目標は、エネルギーの供給を確保することで
ある。中国はすでに石油輸入の大国となり、原油の輸入依存は
60％を超えた。中国の石油輸入は主に中東のペルシャ湾からイ
ンド洋、マラッカ海峡を経由する太平洋に入るルートを使う。
これは、日本のシーレーンとほぼ重なる。中国にとって、マ
ラッカ海峡はコントロールできない関所であり、中東から原油
輸送の安全なルートを確保するためには避けなければならない。
一帯一路構想の実施によって、中国はインド洋から中国内への
ルートを開拓した。港湾とパイプラインを合わせて 4 ルートの
構想があるのだが、後述する。また、ロシア・中央アジアから
の石油・天然ガスのパイプラインを建設することもエネルギー
確保の手段である。

　次の事業目標は、ASEAN との道路網、鉄道網の構築である。

2014年から交渉を開始し、15年に合意した中国・ASEANの
FTAのグレードアップ版には、共通のインフラ整備、インフラの接続、融資機関の創設などの内容が含まれている。中国とASEANの間にはもともと、道路・鉄道網の整備計画があった。道路に関しては、3本の高速道路（一部は既存の道路を利用）を建設する計画があり、いずれも中国の雲南省を起点とし、バンコク経由でシンガポールを終点とするが、そのうち東ルートはベトナムを経由し、中ルートはラオスとタイを経由し、西ルートはミャンマーを経由する。中国国内では、昆明から3方向にのびる国境までの高速道路がすでに完成したが、ASEAN内の建設は今後になる。

　一方、中国とASEANの鉄道建設の計画は、道路建設と同様に、雲南省からバンコク、シンガポールまでに東・中・西の3ルートの鉄道を建設するが、一部既存の鉄道も利用する。現段階で、中ルートとしてラオスとタイ北部の鉄道が着工したことを除けば、他の路線は計画にとどまっている。一帯一路に関連する中国の鉄道建設計画として高速鉄道の輸出、建設、運営の推進も計画されている。

　第3の事業推進は2国間、多国間協力である。進展しているのはパキスタン、カザフスタンとの2国間協力、中東欧諸国（16+1）やASEANとの多国間協力である。

　以下、三つの事業を事例として取り上げ、詳細を紹介する。

7．事例①：エネルギー輸送ルートの確保

　すでに述べたが、中国にとって、中東から原油・天然ガスの安全な輸送ルートを確保し、マラッカ海峡を避けるため、4本

のルートを開拓する構想がある。

　まず、ミャンマー・ルートである。ミャンマーのインド洋側の港から中国まで石油と天然ガスのパイプラインを建設することである。ガスパイプラインは、中国が建設するチャウピュ（Kyaukpru）港から雲南省の瑞麗、昆明、貴州省の遵義などを経由して最終的に重慶市を結び、2013年に開通した。一方、石油パイプラインは、中国が建設したチャウピュ港（マデ（Maday）島）から雲南省の瑞麗、昆明、貴州省の貴陽経由で広西自治区の貴港まで伸びるが、2015年に完成し、17年に操業開始した。中国とミャンマー間の石油とガスのパイプラインはすでに完成し輸送しているが、現段階に輸送量が少なく、輸送のキャパシティーも限界であり、加えて中国とミャンマーの関係は順調ではないので、このルートだけなら、安全な輸送ルートを確保できない。

　第2のルートはパキスタン・ルートである。すでに述べたが、中パ経済回廊の一環として、グワダル港から中国新彊のカシュガルまでの石油・ガスパイプラインを建設する。2015年に一部着工したという情報もあるが、完成するまでは相当時間かかるであろう。また、パイプラインの通過点として、中パ国境の標高5000mの峠を越えなければならず、難工事が予想される。

　第3のルートはタイ・ルートである。タイの南部、インド洋と太平洋に挟まれるクラ地峡地域に運河を掘ることができる。このクラ運河という構想は従来からあった。構想の実現を推進するにはかなりの困難に直面するが、一帯一路構想の実施により、中国は運河構想の環境整備が進展すると期待している。

　第4は、マレーシア・ルートである。マレーシアのマラッカ

海峡側のポート・ケランと東部太平洋側の港を鉄道で結ぶと、シンガポールを避けることができる。このルートはまだ計画段階にあるが、一部の建設案件が寄与する。例えば、マラッカ・ゲートウェイの港湾開発や、東部鉄道の建設に中国企業が投資している。ちなみに、2018年5月に登場したマハティール新政権は、中国企業が建設する東部鉄道などの案件の実施を中止させた。このルートの完成はさらに遠のいてしまうであろう。

8. 事例②：中パ経済回廊

中パ経済回廊（China-Pakistan Economic Corridor、CPEC）は一帯一路最大の協力案件であり、モデル事業でもある。中パ経済回廊は、2013年5月に李克強首相がパキスタン訪問の際に提唱し、パキスタン側の賛同を得て、2015年4月に習近平主席がパキスタンを訪問する際に調印した。投資総額460億ドルに上り、その後540億ドルに増額した。すべての事業を2030年まで完成させることを目指す。また、この計画には、「アーリーハーベスト」という内容も含まれる。これは、投資・援助の案件を早期に実施、着工することである。

中パ経済回廊の主要事業の一つは、アラブ海に面するグワダル港を建設することである。グワダル港はすでに操業開始したが、港の拡張工事、港湾地域を含めた経済特区（工業団地）は現在建設中であり、いずれも中国企業が建設と運営を請け負っている。

もう一つの事業は、グワダル港と新疆カシュガル（喀什）を結び、全長3000kmの通路を建設することである。道路、鉄道、石油ガスパイプライン、光ファイバーケーブルを建設し、沿線

には交通施設とエネルギー施設、工業団地も建設する。現段階に、パキスタン国内で高速道路の一部、既存鉄道の複線化などはすでに着工し、いずれも中国企業が落札した。

さらに電力事業も主要事業の一つである。例えば、発電容量72万 kw のカロト水力発電所は2016年に着工し、2020年に完成する予定である。投資総額は16.5億ドルに上り、シルクロード基金が投資に参加し、中国輸出入銀行が融資し、中国長江三峡集団が30年間の BOT 方式で建設と運営を行う。ほかにも、中国企業はパキスタンで合計10数ヶ所の火力発電所を建設している。

9．事例③：中欧国際鉄道コンテナ定期便

中欧国際鉄道コンテナ定期便（中欧班列）は、鉄道を新規建設するのではなく、既存の鉄道を利用して中国企業が提供する中国とヨーロッパ間の鉄道輸送のサービスである。

2011年に運行が開始したが、2015年後急拡大し、17年に往復3673便、18年8月に累計1万便を達成した（図表6）。2016年に策定した計画では、2020年に年間5000便の運行を目標としていたが、2018年上半期の実績が2490便に達したことを考慮し、2018年にも2年前倒しで5000便の目標を達成すると予測できる。

2018年8月現在、中国内の48都市と中欧アジア・欧州の15カ国の43都市の間でコンテナの鉄道輸送を行っている。合計61のルートも存在し、主にチャイナ・ランドブリッジ（新疆・阿拉山口から、カザフスタン経由）のルートを使うが、シベリア鉄道も利用する。最長輸送距離は東西1万3000kmにもなる。

図表6 中欧鉄道輸送便数の推移

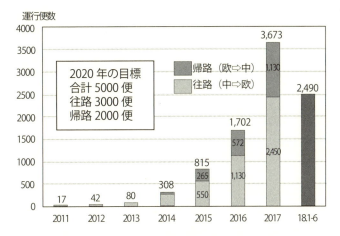

出所:中国鉄道総公司の発表、新聞記事などにより筆者まとめ。

図表7 重慶－アムステルダム間の輸送モード別比較

	鉄道・海運 (上海港経由)	長江水運・海運 (上海港経由)	中欧鉄道輸送	空輸
所要日数	40～50	40～50	12～14	3～5
運賃水準 ($/FEU)	3660～4260	3856～4798	5219～7306	22000～31000

注:運賃は40フィードコンテナで計算。
出所:法政大学李瑞雪教授の試算により筆者まとめ。

一列の列車編成は最低でも 41 のコンテナを運び、平均して 6 カ国を通過し、レール幅も異なる国々で、通関、納税、検疫など煩雑のサービスを中国企業が一括して提供する。

中欧鉄道輸送の最大のメリットは、海運より時間が短く、空輸より費用が安いことだ。法政大学李瑞雪教授の試算によると、重慶とアムステルダム間の鉄道輸送の場合、所要時間は海運の約 3 分の 1、費用は空輸の約 4 分の 1 に過ぎない（図表 7）。

中欧鉄道輸送は、中国にとって、地域発展の戦略上にも重要な意味を持つ。従来、西部内陸地域は地理的な条件で海外市場へのアクセスが困難であったため、発展が遅れている。中欧班列の運行によって、内陸地域が対外開放の最前線になり、輸出加工業の条件が大幅に改善されるであろう。

しかし一方、中欧鉄道輸送は問題点も抱えている。第 1 に、中国から欧州に運ぶ貨物が多いが、帰路の貨物が少なく、一方通行的な運行であること。2018 年 8 月現在、「往路 3 対帰路 2」の状況にやや改善している。第 2 に、欧州の一部の鉄道ハブには処理能力に制限があり、輸送時間が長くなるという結果をもたらしたこと。第 3 に、中国の地方政府が、所在地発着の列車運行に補助金を支給していること。列車運行の規模拡大には補助金で採算を維持する背景がある。補助金に頼らず、商業ベースの列車運行を拡大していくのは今後の課題である。

10. 一帯一路構想実施の問題点とリスク

第 1 の問題は、中国と相手国の思惑が異なり、利益調整が難しいことである。すでに述べたが、一帯一路構想の実施は沿線国に提案し、当該国の利益に合うなら、共同建設に合意し、共

同事業を進める。しかし、合わない場合は、共同建設ができなくなり、もしくは中国側が譲歩し、利益を譲る。

　第2に、インフラ整備と投資が失敗する可能性もあることだ。一帯一路関連のインフラ整備案件の多くは、従来から計画があり、採算が厳しいため、実施、特に資金手当てが難しく、着工できないものが多い。中国企業が建設、運営を請け負っても、収益性に保証がない。難工事も多い。例えば、中パ経済回廊の計画には鉄道とパイプラインなどを建設する予定があるが、通過点の中パ国境のクンジュラブ峠は海抜5000mで、難工事が予想される。また、一帯一路の案件には対外援助の性格を持つものが多く、中国企業がビジネスライクで対応しきれないこともある。さらに、沿線国の多くは市場経済が浸透しておらず、ビジネス環境にも問題がある。加えて、中国企業は海外でのインフラの建設・運営、対外投資に経験不足という問題がある。以上の事情により、一帯一路関連のプロジェクトの実施にあたり、困難にも直面している。

　第3に、政治・国際関係上にも難題がある。まず、政治的リスクであり、政権交代によって、建設案件が批判され、延期、棚上げを余儀なくされた。例えば、タイ、スリランカ、ミャンマー、マレーシアなどの国では、このような状況がすでに発生した。次に、米国と日本は戦略的衝突という考えでAIIBに不参加であり、米国は中国がインフラ整備案件の実施を悪用して、沿線国に重い債務を負わせ利益を得ようとしているとして、中国の一帯一路事業を批判している。さらに、ロシア、インドなどの国では、一帯一路によって伝統の勢力範囲が浸食されるため、一帯一路への警戒感を招く懸念がある。しかし実際、ロシ

第5章　「一帯一路」構想は何を目指すか　109

アは一帯一路について中国に協力的である。インドの場合、宿敵のパキスタンが一帯一路案件の実施によって強くなることを恐れて、一帯一路に協力せず、批判的である。しかし一方、すでに述べた通り、インドはAIIBによる融資支援の最大の受益者である。

第4に、中国国内にも一帯一路に不理解を示す考えもある。外国でお金をばら撒くよりも、国内の貧困対策などに使うべき、との声もある。

11. 日本と一帯一路

まず、一帯一路に関する日本の認識と対応、およびその変化をみておく。

日本は中国と戦略的対抗の考えから、米国との協調もあり、一帯一路を批判し、AIIBに反対、参加しないという従来の立場がある。2017年4月、中国の習近平主席が訪米し、トランプ大統領と会談し、トランプ大統領は一帯一路とAIIBを評価し、5月の一帯一路サミットに米国も参加すると表明した。米国の姿勢が変化した影響で日本の姿勢も変化した。同年5月、自民党の二階幹事長は一帯一路サミットに政府の代表として参加し、習近平と会談した。二階氏は一帯一路に理解を示して参加に意欲を表し、日本の一帯一路に関する対策を表明した。

その後、6月5日に、安倍首相が透明性と公正性を条件として、一帯一路に日本が協力すると初めて表明した。12月4日、財界の会合で安倍首相が、一帯一路に「大いに協力できる」と発言した。

2017年12月に、日本政府は一帯一路に関する「民間経済協

力のガイドライン（指針）」を策定し、省エネ・環境協力、産業高度化、物流利活用の３分野において、日本企業の一帯一路事業への参加を容認した。

2018 年５月、一帯一路関連の日中企業協力を後押しするため、経産省・外務省と中国の国家発展改革委員会・商務部は、「日中の第三国市場協力に関する覚書」に調印した。

このように、一帯一路に関する日本の認識と対応は、従来の批判・反対から、理解・協力・参加に変化してきた。第三国市場協力は、日本の一帯一路参加の主な形態となる。

次に、一帯一路への参加は日本にとってもメリットがある。第１に、沿線国のインフラ整備と産業振興は日本企業にとってもビジネスチャンスである。第２に、中国事業で築き上げた日中企業の協力関係が広がれば、第三国市場協力がしやすくなるのみならず、日本企業の中国事業にもプラスである。第３に、インフラ整備と運営について、日本企業の経験を生かせる。第４に、日本の影響力が強い ADB は AIIB との協力関係、協調融資を進展すれば、ADB の発展にもプラスであろう。

日本企業は一帯一路への参画に積極的である。日本企業にとっては、一帯一路事業への参加によって以下のようなビジネスチャンスを掴むことができる。第１に、中国企業が沿線国で進める事業に、日本企業が共同事業者として参画できる。第２に、沿線国における日本企業が進める案件に、中国企業の参加を受け入れることができる。第３に、日本企業は事業を展開する際、中国企業が整備したインフラ施設などを活用できる。第４に、中国企業の一帯一路事業に資材、サービス、サポートを提供できる。第５に、一帯一路沿線国において、日本企業は中

第５章　「一帯一路」構想は何を目指すか　111

国企業のプレゼンスを活用し、事業拡大を図ることができる。

　在中国日系企業は積極的な動きを見せている。17年6月に、在中国日本商会は「一帯一路連絡協議会」を設立し、情報収集、情報共有を図っている。また、2017年11月と18年9月、財界合同訪中団は中国で、一帯一路への参加について意思表明した。しかし、現段階で、大部分の日本企業は情報収集にとどまっている。

　これまで、日本企業が一帯一路案件に参画した事例もある。例えば日本通運は、日欧間の輸送のために中国が開拓した中欧間の鉄道輸送（中欧班列）、一帯一路の輸送通路を活用し、日本企業に物流サービスを提供している。丸紅の場合、ベトナム、カザフスタン、アンゴラなどの国で、中国企業との共同事業を展開している。伊藤忠はタイのCPグループ、中国のCITICと、タイの東部経済回廊（EEC）計画に参加し、関連する高速鉄道建設に共同入札を企画している。

　＊本章は2018年9月の講演録に基づいてまとめた文章である。

第6章　戦後日本の歩んできた道と「一帯一路」への示唆

李　彦銘（東京大学教養学部特任講師）

　現段階では、中国政府が打ち出した「一帯一路」イニシアチブに対する国際社会の反応は、地政学における警戒のほうがやはり大きく、日本の中でもそういった状況であることは言うまでもない。そこで本稿では、どのように「一帯一路」を見るべきかという問題を考える際にやや別の視点から、つまりかつて日本の経験から何かヒントを得られるのではないかと提起したい。

　そこでまず戦後日本の経験を紹介し、すなわち戦後日本の対外経済政策、日本と国際社会が摩擦を起こした背景をまとめ、それから国際社会のルールに従うスタンスを示した日本政府の主な行動のポイントとなるものや摩擦を解決していくプロセスに注目する[1]。最後は中国の政策の形成のプロセスや一帯一路が直面する困難を日本経験と比較しながら少し紹介しておきたい。

1．戦後日本の対外経済戦略

　日本が主体的に提起した対外経済戦略は、貿易に関する戦略

1　戦後日本の対外経済戦略、特にプラント輸出戦略に関する記述は、基本的に拙著『日中関係と日本経済界』勁草書房、2016 年に依拠している。

と投資に関する戦略のツーステップにあった[2]。

まず貿易に関しては、1976年4月に当時の河本敏夫通産大臣が「プラント輸出戦略」を公式に打ち出した。中国の「一帯一路」の中心となるインフラ輸出もプラントの範囲に入るが、通産省によってはプラント＝「工場ごとの輸出」、一件が50万ドルを超える、電気、機械、化学などの技術の複合体という概念であった。しかし、実際のところ関係する業界が非常に多く、70年代においてはプラントが大型化する時代であり、鉄鋼や電力、化学などの重化学工業がその中心を占めていた半面、中小型の生産ラインの輸出も広く含まれていた。一国の工業基盤の形成に関わる重要な産業が全て関わり、国家主導で特に「輸入代替工業化戦略」に力を入れている国にとっては非常に大事な貿易であり、政治的な意味も大きかった。

また当時では中国を含める共産圏の国々、東南アジアの開発独裁政権、そして中東の産油国などが日本の主な輸出市場であった。1970年代を通じ日本のプラント輸出が多く伸び（10億ドル台→100億ドル台）、対外貿易全体に占める割合も大幅に上昇したが（表1を参照）、1976年から1981年までの間、日本政府はこのプラント輸出を公式的に熱烈に推進していた。

ただし1980年代に入った後は政策支援の規模がだいぶ小さくなり、政府の役割が輸出を支援という側面から管理・規制の側面に重きを置くようになった。2000年代に入ってから政策・

2　戦後賠償を皮切りに始まった政府対外援助（ODA）と「輸出自主規制」を中心手段とした日米貿易摩擦の対処（特に鉄鋼）は、受動的な提起であったといえよう。

金融支援を施すべきという考えがまた少しずつ復活し、現在安倍内閣が打ち出す日本再興戦略の中「インフラ輸出」の促進もその延長線上にあると理解できよう。

表1　日本のプラント輸出の推移と総輸出額に占める割合（1970 — 1983）

（単位：億ドル）

年度	輸出承認実績		承認外実績		合計		輸出総額に占める割合（%）
	件数	金額	件数	金額	件数	金額	
1970	213	9.7					4.8
1971	231	13.0					5.2
1972	257	14.9					5.0
1973	350	22.0					5.5
1974	415	38.6					6.6
1975	489	52.4					9.2
1976	680	80.1					11.2
1977	736	86.1					10.2
1978	753	87.3					8.8
1979	743	117.9	200	10.9	943	128.8	12.0
1980	677	89.3	340	28.6	1017	117.9	8.5
1981	455	123.1	392	51.5	847	174.6	11.5
1982	389	109.9	525	24.9	914	134.7	9.9
1983	316	59.9	536	23.2	852	83.1	5.4

データの出所：財務省（旧大蔵省）『貿易統計』
注：承認外統計は1979年から。重化学工業通信社、通商産業省機械産業情報局監修『1986年版　プラント輸出の現状と展望』重化学工業通信社、1986年、2頁より筆者作成

　2番目のステップは、1987年1月のASEAN訪問で、田村元通産相によって打ち出された「ニューエイドプラン」（New AID Plan, AID: Asia Industries Development、新アジア工業化総合協力プラン）である。これは対発展途上国投資が中核になるものであるが、投資、貿易と技術移転を一体化した「対外

協力方式」と位置付けられていた[3]。打ち出されたのは 1987 年だったが、プラント輸出の拡大が引き起こした新たな問題を解決、対処しようとする側面もあった。

2．プラント輸出戦略——産業政策に由来する対外経済政策

プラント輸出を促進しようというアイデアは、最初は 1950 年代後半通産省により提案されたものであり、いくつかの政策枠組みもこの時にできた。具体的には、1950 年の日本輸出銀行設立（1953 年から日本輸出入銀行に改名、以下「輸銀」）、鋼鉄価格の行政指導（割安の値段でプラント・メーカーに鉄鋼を提供させる）、また 1955 年の日本プラント協会設立などがあった。

さらに 1961 年に海外経済協力基金（1999 年に輸銀と合併し国際協力銀行になる）が設立された。そして輸銀や海外経済協力基金からの融資は、後に本格化された対発展途上国向けの日本プラント輸出にとって、契約を勝ち取るための不可欠の条件となった[4]。ただし、関連の産業の国際競争力は当時ではまだ高くなく、実際に支援策も大きな成果を上げることができず、産

3　通商産業省大臣官房編『日本の選択——「ニューグローバリズム」への貢献と「新・産業文化国家」の選択』通商産業調査会、1988 年 6 月、50 — 52 頁、および柳原透編『アジア太平洋の経済発展と地域協力』アジア経済研究所、1992 年、第 18 章。

4　プラント輸出と海外協力基金の関係については、湯伊心『1950 年代から 70 年代までの経済協力によるプラント輸出促進——重機械の発展に焦点を合わせて』横浜国立大学博士学位論文、2011 年を参照。

業界からの反応も冷ややかだった[5]。

しかし1960年代後半になると、関連業界（特に化学と製鉄プラント）の競争力が上がりはじめ、経団連や日本貿易会などの経済団体がより具体的な、さらなる推進策（経済外交による市場開拓、輸銀融資条件の安定化や条件緩和など）を政府に活発に求めるようになった。これらの要求は、二度の石油危機を経てから、景気浮揚のきっかけや新たな経済成長のドライブを見出そうとする政治家と関心が一致し、ようやく政官財三者が協力して推進する政策アイデアとなったのである。つまりプラント輸出は生まれた当初から、輸出振興という産業政策、また短期的な景気刺激策（政府によって輸出目標が提起され、景気の見通しに明るい影響を与える）としての性格が非常に強かった。

プラント輸出を推進しようとする立場をとった中心的な政治家は、三木内閣と福田内閣で通産大臣を務めた河本敏夫である。河本は、三木派を受け継ぎ派閥の領袖となった後、自民党総裁選に出馬するなど政界の実力者でもあった。日本の経済成長に関する彼の見方は、成長を通じて「国内の諸問題を解決し、国際的責任」を果たしていくことであり、また6％という「安定成長」が必要だと説いた[6]。これは、現在中国の指導者の発想および、一帯一路が打ち出された背景としての中国の経済状況

5　例えば1959年に「設備等輸出損失補償法」という時限付きの法律もできたが、補償を申請する者が少なく、継続されなかった。「戦後産業史への証言第25回　産業政策7　語る人　林信太郎」『エコノミスト』1976年6月22日、78―85頁。

6　河本敏夫（経済企画庁長官）『日本経済と政治の動向』内外情勢調査会講演シリーズ394号、1980年8月18日、於東京帝国ホテル、11頁。

（本書第2章・津上論文も参照）と非常に似ている。

　プラント輸出を推進しようとする着目点は、経済界にとっては輸出促進、政治家にとっては安定成長の実現、通産省にとっては、もっぱら「摩擦なき輸出」と「産業構造の高度化」の提起へと結びついた。「産業構造の高度化」というのは、従来の重化学工業を中心とする幼稚産業の保護や育成といった通産省の施策の延長線上にあり、理解しやすい提起である。しかし当時『通産白書』で「プラント輸出」に関して繰り返し強調されたのは、プラントは工業既製品ではないため「摩擦なき輸出」を特徴とするという点であった。1970年代後半、鉄鋼に続き自動車や家電の分野でも日米間の貿易摩擦が激化し、通産省の保護的な政策もすでに批判の的になっていたことがその背景にあった。

　しかし結果としてはプラント輸出についても欧米との摩擦が加速したのである。特に第2次石油危機以降、西欧諸国も景気打開策としてプラント輸出を注目し、特に共産圏国や発展途上国に対し競って公的資金の提供を約束したり、経済外交（今でいう首脳外交／トップセールス）を通じたりすることで促進した。そこで特に問題になったのは、日本と中国の関係の発展であった。1976年の毛沢東死去と「四人組」逮捕により、ポスト文革期に突入し大きな政治転換を迎えた中国が、先進プラントを積極的に導入する姿勢を示しはじめた。これは中国と資本主義陣営の諸国と関係改善をもたらしたほか、中国市場（とくにプラント）が日本によって独占される危惧ももたらしたのである。その詳細と解決は本章4節で後述したい。

　さらに、80年代に本格に入った後は、イラン・イラク戦争

や発展途上国の債務累積問題で、世界市場におけるプラント需要が大幅委縮し、日本も「小さな政府」への転換を唱えるようになり、通産省からの政策支援の規模がだいぶ縮小し、政策の方向性も大きく転換したのである。

3. ニューエイドプラン

ほかにも、プラント輸出によって新たな問題が発生した。つまり対発展途上国の技術移転不足や貿易不均衡、さらに輸入代替工業化戦略の失敗によって途上国の債務累積といった問題が国際社会でクローズアップされるようになった。中国との間でも1980年代後半には、貿易不均衡や技術移転不足が中国政府に問題視され、政治的な摩擦が発生した。

対途上国経済協力の拡大やこれらの新問題の解決を、対途上国直接投資、さらに日本国内市場の開放（途上国からの輸入の受け入れ）を通じて実現することが「ニューエイドプラン」の発想であり、このようなことを通じ、アジア諸国の対米輸出偏重を是正し、経済的相互依存を進めようとした。これは、円借款の規模拡大（いわゆる日本の黒字還流）とともに、概ね対象国の歓迎を受けていた。背景には東南アジア諸国が70年代後半から、輸入代替工業化戦略から自らの比較優位を活用した輸出志向産業の発展に力を入れるようになり、この時は発展戦略の切り替えがすでに実現できていたことが挙げられる。

ただし1990年代半ばに入るとやはり行き詰まりが多く、予想どおりの大成功を収めたわけではなかった。バブル崩壊と金融機関の破綻がもたらした日本国内の長期景気低迷を背景に、90年代の東南アジアに対する日本企業の直接投資は決して大

きくは発展しなかった。また、多くの中小企業はこの時中国に目を移しはじめたが、日本では産業空洞化論が、通産省内部と世論のなかで急速に台頭した[7]。過度の空洞化を是正するため、通産省は円高の是正やミクロ経済改革を提起し、80年代末に提起した政策と逆の方向へ進もうとした[8]。

4. 国際秩序の順守と促進——日本のスタンス

　ここでは主にプラント輸出をめぐる日本と欧米の摩擦のポイント、そしてその解決プロセスを取り上げる。産業政策から出発したプラント輸出は、経済成長を目標として掲げているが、一方では、少なくとも通産省のなかでは、国際社会・自由貿易秩序に依存することが成長の大前提であるとする認識が明確だった。その意味で当初から「摩擦なき輸出」を訴えたのである。ただ、プラント輸出をめぐる日本と欧米企業の競争が激しくなると、日本国内では経済界（業界や経団連）、通産省、さらに外務省や大蔵省、外務大臣や首相の間で、目標の不一致が生じ、調整が行われた。

　例えば問題になった日本と中国の関係では、プラント輸出にあたってはまず融資金利の問題に直面した。資本財やプラントの輸出に際して金融面での過当競争を抑制するために、1974年世界銀行（IMF）総会で先進6カ国の合意で、金利ガイドラインが設けられた。このガイドラインは、現在はOECD公的

7　空洞化についての議論は、経済企画庁『年次経済報告　平成6年版』、及び『経済白書』1994年版、1995年版に参照できる。

8　通商産業省産業政策局編『21世紀の産業構造』通商産業調査会出版部、1994年、63－65頁。

輸出信用アレンジメント、過去にはワシントン・パッケージあるいは紳士協定とも呼ばれた。

　当初は、中国を含む低所得の国に対する5年を超える長期金融の金利最下限を7.5%と規定するもので、1978年にOECD範囲まで拡大し、1980年7月にアメリカの主導で7.75%へ引き上げられ、その後も幾度か引き上げられた。このような制限は、低金利国である日本にとってプラント輸出の国際競争力を低下させるものであり、高金利国である英、米、仏にとって有利なものであった[9]。その背後には、米国が国際貿易の「黒字国責任論」を唱え、日本に対しガイドライン受け入れを強く求めていたことがあった[10]。

　しかし、日中長期貿易取決め（1978年2月締結、日本からのプラント、見返りに中国からの石油や石炭などの資源を中心とする貿易枠組み）が成立するまで、日本の中国に対するプラント輸出は従来7%以下で実施しており[11]、経団連も1977年、日中長期貿易取決めの打診段階で、弾力的運用ができると提起していた[12]。そんななか1978年9月の訪中で、河本通産相が自ら中国側にガイドライン金利（7.5%以上の金利）の受け入れ

9　平川均「プラント輸出と第三世界の重化学工業化（下）」『世界経済評論』1983年11月、59—60頁。

10　岡部武尚（前通商産業省機械情報産業局通商課）「プラント輸出の現状と課題」『海外市場』日本貿易振興会、1979年2月号、12頁。

11　情報企画研究所編集『経済協力・プラント輸出便覧　1978年版』情報企画研究所、1978年、123頁。

12　『華国鋒体制下の中国と日中関係——経団連訪中代表団報告（1977年3月30日—4月4日）』、34頁。

第6章　戦後日本の歩んできた道と「一帯一路」への示唆　121

を説得し、さらに長期貿易取決めの修正（8年間へ延長、総額200億ドルへの拡大）を約束した[13]。

同時に、1979年12月の訪中において大平正芳首相がいわゆる「大平三原則」を正式に発表するまで、日本の対中円借款に対する批判と懸念の声は止まなかった[14]。外務省経済協力局長だった柳谷謙介は、対中円借款が検討された当初、輸出ガイドラインを日本がきちんと守るなら中国市場を独占するような心配や反対が他国から起こらないと考え、「三原則」の原案とも言える内容を自ら大平首相に提示したと回顧している[15]。

金利問題以外、中国向けの大型円借款のひも付き／タイド問題（日本のみから機材やサービスを調達すること）はもう一つの欧米の懸念事項であった。ここで詳しく述べないが、結局のところやはり大平の裁断により対中円借款のアンタイド化が決定され、大来佐武郎外相の役割も大きかった。また、円借款のひも付きは、日中関係に限らず、内外の批判を受けて長期にわたる問題であったが、70年代に入ってから日本政府がアンタイドの比率を急速に高めるようになり（1970年度0％→1980年度62％→1993年度96.9％）、その結果、90年代になると、先進国のなかで最も開かれた援助となった。

13　「日本経済新聞」1978年9月24日。

14　「日本経済新聞」1979年1月19日。「日本経済新聞」1979年3月5日。「日本経済新聞」1979年5月13日。また、三原則の要点は以下である。（一）西側諸国との協調、（二）ASEAN諸国とのこれまでの関係を犠牲にはしない、（三）中国の軍事力の発展に寄与するような協力はしない。

15　C.O.E オーラル・政策研究プロジェクト『柳谷謙介（元外務事務次官）オーラル・ヒストリー』（中巻）政策研究大学院大学、2005年、100頁。

5．意図しなかった結果

　これらの対外経済政策は、確かに東アジア地域内の工業基盤の向上には大きく貢献した。また、同地域内のサプライチェーンの形成や相互依存度を高め、いわゆる新「三角貿易」関係（日本やNIEsが中間財を生産し、中国やASEANが中間財を輸入して最終財に組み立て、最終消費地の欧米へ輸出する）を構築できた[16]。結果として日米、日欧の貿易摩擦は、2000年代に入ってからはほとんどなくなった。これはプラント輸出やアジアに対する投資／製造業の移転の効果であるが、当初目指したことではなかった。一方で、以上で見てきたように当初の政策目標が実現できたとまでは言い難い。

　さらに対中プラント輸出で外交目標、国際社会との協調が優先されて以降、日本では企業と政府の関係性が大きく変わってしまい、1990年代になると政治は経済活動に関与すべきではないという規範が日本国内で深く浸透し、内在化した。

　アジア地域における日本の経済的な影響力もまた確かに増大し、いわゆる「雁行型」モデルの経済発展が同地域でみられた。ただしそれが政治的な影響力へ転化できるかどうかに関しては、やはり非常に難しいと言わざるを得ない。実際には90年代半ばに、日本政府はODAの凍結を経済制裁の手段として、中国の核実験などをけん制しようとし、新たな「経済外交」の可能性を探ってみたことがあった。しかし、結果的に歴史問題をめぐる応酬のきっかけを作ってしまった[17]。また東南アジア諸国

16　『通商白書』2005年版、156 — 166頁。

17　徐承元『日本の経済外交と中国』慶應義塾大学出版会、2004年。

第6章　戦後日本の歩んできた道と「一帯一路」への示唆　123

での活動もやはり過去の歴史の負の遺産を背負っていた。それを払拭するために、1977年にいわゆる福田ドクトリンが打ち出され[18]、日本の政治的影響力をなるべく目立たないようにアピールし、広く歓迎を受けることができたのである。つまり、プラントや投資を受け入れる国々の国内状況や、両国間の具体的な関係を前提としなければ、経済的な影響力が政治的影響力へ転換できると判断することは、あまりにも早計である[19]。

6.「一帯一路」の目標

　以上で見てきたように、日本の「プラント輸出戦略」とニューエイドプランを総合してみると、中国が打ち出した「一帯一路」の内実（本書第5章・朱炎論文参照）と共通点が非常に多いことがわかる。日本に比べると、通産省からの「摩擦なき貿易」＝対米協調を強調する観点や、企業からのプラント輸出＝対外協力、国際貢献を強調する観点はあまり見受けられないが、自認識＝国際協調の促進と国際社会の反応、アメリカに与えた脅威感との間のギャップが大きいことは、共通している。

　以下では、「一帯一路」が打ち出された国内背景をもう少し見て、さらなる経済成長を求める経済大国の対外経済戦略の産業政策の側面に光を当ててみたい。

18　具体的には⑴日本の軍事大国化の否定、⑵「心と心」の通う友好関係の樹立、⑶対等なパートナーとして東南アジアの地域的共存と安定に寄与

19　同じ視点に立つ分析は例えば、William W. Grimes, "The Belt & Road Initiative as Power Resource: Lessons from Japan", The Asian Forum, April 15, 2016. http://www.theasanforum.org/the-belt-road-initiative-as-power-resource-lessons-from-japan/、2019年5月25日閲覧。

2013 年 9 ～ 10 月に習近平が外遊中に「一帯一路」構想を提起し、その後 11 月の共産党中央第 18 期 3 次全会で決議された。その後、2014 年 12 月にシルクロード基金を設立した。この段階では、あたかも対外戦略の新構想として提起されたイメージが強いが、注目しなければならないのは、2015 年 2 月「一帯一路」建設工作領導小組は、実質に国家発展改革委員会の下に置かれたことである。

その後、国家発展改革委員会を筆頭に、「推動共建推动共建絲綢之路経済帯和 21 世紀海上絲綢之路的願景与行動（シルクロード経済ベルトと 21 世紀海上シルクロードの共同建設を推進するビジョンと行動）」が 3 月に発表された。さらに 5 月には、国務院「関於推進国際産能和装備製造合作的指導意見（国際産能および装備製造協力の推進に関する指導意見）」を発表した。この意見は、2014 年後半から検討し始めたもので、重点業種として鉄鋼、非鉄金属、建材、鉄道、電力、化工、軽紡、自動車、通信、建設機械、航空・宇宙、船舶・海洋建設の 12 業種をリストアップしているが、中心となるのは重化学工業であり、その一番目の意義として、産業構造の調整と高度化対応することが挙げられた。またその基本原則を「中国企業の『走出去』のために有利な条件を創出すること」として、それまでの対外経済政策との連続性を示した。

ここでは、「走出去」（1999 年）より、もう一つ注目に値する政策的連続性が提起された。つまりいわゆる「装備製造」（ほぼ重化学工業として理解していい）に対する重視と、それを管轄する組織の連続性である。これは、前述のポスト文革期の大型プラント導入とそれをリードした国家計画委員会に遡る

第 6 章　戦後日本の歩んできた道と「一帯一路」への示唆　125

ことができる。ただし、李鵬副総理を顧問とする「重大技術装備領導小組」（1983 − 1993 年）が政府機構改革を以て解散された後はしばらく施策がなく、国家計画委員会も 1998 年に国家発展改革委員会、2003 年に国家発展改革委員会へと組織変更され、90 年代ではその権限は縮小傾向にあった。

　一方で WTO 加盟を背景に、中国経済がラテンアメリカ化する議論（工業基盤が外資にコントロールされる）や、産業安全、外資管理の役割が強調され産業民族化勢力が再び台頭した。その結果、2006 年 8 号文件として「国務院関於加快振興装備製造業的若干意見（装備製造業を振興し、加速させるための若干の意見）」が公表され、その中で産業構造の向上、業界再編と技術発展を促進、海外市場の開拓、（技術開発に対する）資金供給などを政策の方向とし、さらに技術政策を制定する機能は国家発展改革委員会にあると明確に規定された。

　2009 年 2 月、国務院はようやく「装備製造業調整和振興計劃（装備製造業の調整と振興計画）」を打ち出し、輸出促進のために増殖税（消費税）還付、金融機関による輸出信用供与の促進、海外重大プロジェクトの受注の支援といった具体策を公表した。これはのちの「一帯一路」の原型となったと評価すべきであり、いわゆる「いろんなものを束ねたもの」という評価の根拠にもなるだろう[20]。

　また、政府の支援策が打ち出す前に、中国のプラント輸出実績がすでに急増していた現実も見落としてはいけない。中国対外承包工程（対外エンジニアリング）商会会長刁春和の回顧に

20　伊藤亜聖「中国『一帯一路』の構想と実態」『東亜』2015 年、第 579 号。

よると、中国企業による海外プラント建設は、2000年から高速成長期に入り、2008年度成約金額1046億ドル、前年度より34.8%増に達した。また特徴としては、民間企業のリード、建築業優位、アジア・アフリカ向け中心、大型契約の増加が挙げられた[21]。

そして、2017年に公開された中国の海外建設データを見れば（建築業の金額も含めている）、2016年度の契約実行額は、中に半分ぐらいが「一帯一路」の範囲の中にあり、また総額が1600億ドルにも上った[22]。プラントという政府の金融支援が特に重要な貿易対象から考えれば、これはまさに1970年代に入ってから経済団体による推進策の呼びかけとその後官民の協力が成立し、公式な推進策を打ち出した日本の経験を連想させるような動きである。

7．むすび

無論、中国政府が「一帯一路」の建設、その経済パワーを通じて政治的な影響力を拡大しようとする意図は完全に否定できない。「一帯一路」が提起された当初、中国国内でも「中国版マーシャルプラン」だという解釈があった。しかし、あまりに「一帯一路」の戦略性を強調すると、却ってアメリカの危惧、地政学における脅威を増強してしまうことはそのうち認識されたようで、いまははっきりと「マーシャルプラン」ではないと

21　刁春和「対外承包工程業務延続高増長勢頭」『国際商報』オンライン版、2009年7月8日。

22　中国対外承包工程商会『2016－2017中国対外承包工程発展報告』。

第6章　戦後日本の歩んできた道と「一帯一路」への示唆　127

図1　日中韓プラント輸出実績（単位：億ドル）[23]

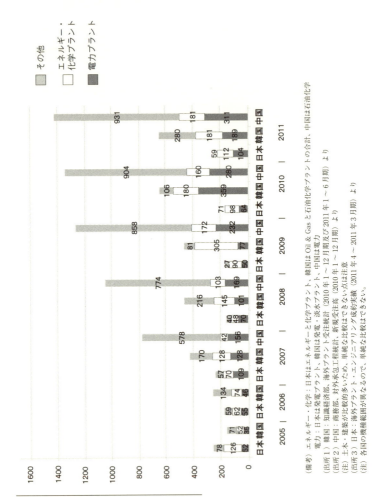

（備考）エネルギー・化学：日本はエネルギーと化学プラント、韓国はOil＆Gasと石油化学プラントの合計、中国は石油化学
　　　　電力：日本は発電プラント、韓国は発電・淡水プラント、中国は電力
（出所1）韓国：知識経済部、海外プラント受注統計（2010年1～12月期及び2011年1～6月期）より
（出所2）中国：商務部、対外承包工程統計、新規受注高（2010年1～12月期）より
（注）土木・建築が比較的多いため、単純な比較はできない点は注意
（注）日本：海外プラント・エンジニアリング成約実績（2011年4～2011年3月期）より
（注）各国の機種範囲が異なるので、単純な比較はできない。

[23] 日本機械輸出組合「2011年度海外プラント・エンジニアリング政策実績調査報告書」109頁。

主張している[24]。

　また、日本の経験から言えば、経済的影響力を政治的影響力に転化するのは決して容易なことではない。日本との体制の違いで、国内アクターの利害調整は日本より達成しやすいといえども、体制の動揺が最大なリストとなるだろう。高層政治の動きが見えにくい習近平体制の下、大型プロジェクト自体の成敗や汚職スキャンダルは中国の国内政治に大きく刺激する要因となりうる。

　一方で米中以外の国際社会がとるべき態度については、危惧を持っているからこそ、中国の動きを細かく見守り、かつてのアメリカやドイツのように、執行の中で実際の融資条件はどうなっているのか、金利はどのように決めるのか、原則が守られているかどうかを確認、監督し、関心を持って参加し、さらに交渉を進め、プレッシャーを掛けていくことが大事といえよう。

　現段階（2019年5月）では、米中貿易戦の応酬が実に激しく、1970年代のような日米2国間協議のようにうまくいっていないことが現状である。そして両国国内はともに、ディカップル（de-couple）の声や強硬な態度が存在している。米中だけで世界の貿易秩序が動揺させられることは何と言っても回避したい結果だと、日本をはじめ、自由貿易体制で恩恵を受けてきた国々が、いま一度きちんと認識し、自らの力を発揮していくことが望ましいだろう。

24　「一帯一路与馬歇爾計劃有根本差別」『人民日報』2015年2月13日

第6章　戦後日本の歩んできた道と「一帯一路」への示唆　129

第7章　中国の新イノベーション都市・深圳
—— ハイテクベンチャーや社会実験がすごい

牧野義司（メディアオフィス「時代刺激人」代表・
経済ジャーナリスト）

　香港のすぐそばにある中国広東省の中核都市、深圳が今、ア
ジアのみならず世界でも脚光を浴びる新イノベーション都市と
なりつつあるのをご存じだろうか。

　その最たる注目点は、世界でも珍しいハードウエアとソフト
ウエア両面のイノベーション機能を持つユニークさがあること
だ。同じ中国のイノベーションセンター、北京・中関村の場合
はソフトウエアセンターだけだが、深圳の場合、ハード、ソフ
ト両方の開発機能を持つ特異性があり、それを武器にビジネス
イノベーションが活発に行われている。それが評価の対象とな
り、今やアジアのシリコンバレーとも呼ばれている。しかも先
端技術へのチャレンジは日本企業などが顔負け、と言っていい
ほどのものだ。

中国政府が「大衆創業・万衆創新」の中核に

　このため、中国の共産党政府は、この深圳が1978年の中国
改革開放の原点だった場所でもあることから、イノベーション
が経済成長をもたらすという時代の流れに合わせて「大衆創業・
万衆創新（大衆の起業・万民のイノベーション）」のモデル都
市という位置づけを行い、深圳に対しては経済社会面で比較的、

130

活動の自由度を与えている、という。

その一環としてICT（情報通信技術）リンクの顔認証で出入店する無人コンビニ、一部公道で電気駆動バスの自動運転走行などの社会実験の場にしつつある、ともいう。要は、中国政府としては、新イノベーション都市、深圳での社会実装で成果が見えれば、中国の他地域にも拡げていける、という狙いと見た。

その一方で、中国政府は、深圳に将来性が見込めると見たのか、深圳を含む広東珠海地域、それに香港、マカオの2つの特別行政区をつないで大経済圏を構築する「ビッグベイエリア（大湾区）」を具体化させた。これら3地域を結ぶ海底トンネルと大きな橋による「香港・珠海・マカオ大橋」も完成したため、湾岸地域経済圏を形成するネットワーク網ができた。その中核の深圳は新イノベーション都市という顔も持ってきたため、その存在は、日本にとって、ますます無視できないものになってきている。

日本が忘れていた成長への執着心が深圳にあった

私は、チャンスがあって、この深圳の現場をじっくりと見る機会があった。経済ジャーナリストの好奇心から、その後も深圳研究を続けた結果、深圳には日本が長年忘れてしまっていた経済成長への執着心、ハングリー精神、あるいはイノベーションに対するどん欲さなどがあり、日本にとっても学ぶものがある、と感じた。そこで、それら学ぶものはいったいどんな点なのか、レポートしてみよう。

まず、新イノベーション都市と言える深圳の現場状況をいく

第7章　中国の新イノベーション都市・深圳　131

つかお伝えしよう。その象徴的な地域が、深圳・南山地区のハイテクソフトウエア・パークだ。その現場を見て、正直なところ、驚いた。今や世界的に名前が浸透しつつある IT 企業の TENCENT（テンセント）などの巨大企業、さらには一攫千金を夢見るベンチャー企業が入る高層ビルが密集するように林立している。

　私自身は1980 年代末にチャンスがあって、この深圳を訪問したことがある。そのころの深圳は、開発真っただ中で、ブルドーザーが走り回っていたが、そのころから比べれば、隔世の感がある。現代の深圳は、当時と違って、まさにビジネスチャンスを求める企業群が進出にラッシュしている状況だ。

ハイテクソフトウエア・パークには企業がラッシュ

　深圳のある高層ビルで、どんな企業が入っているのだろうか、と関心もあって入居企業名を見たところ、ハイテクベンチャーのスタートアップ（起業）をサポートするアクセラレーター、インキュベーターとすぐわかる企業がずらりと名前を連ね、ビルが丸ごとハイテクソフトウエア関係企業の相互交流かつ連携の場になっている、という印象だった。

　これらインキュベーターやアクセラレーターの企業は、スタートアップをめざす企業に対してアドバイスやサポートを行うのだが、成長が見込めると判断すると、自ら出資参加するだけでなく、ベンチャーキャピタルなどイノベーションを支える投資集団を呼び込んで「金の卵」の孵化に向けて本格支援を行う。

　その高層ビルの近くには弁護士ビルがあって、ベンチャー企

業向け法務サービス支援の看板をかけた弁護士事務所が数多く入居していた。すべてをビジネスチャンス、マネーにつなげていく、という空気がみなぎっている。社会主義と市場経済の2つを巧みに使い分けて経済成長をめざす中国の現場を見た感じだ。

興味深かったのは、ハイテクソフトウエア・パークの一角にあるカフェを覗いた時のことだ。カフェ、喫茶室の奥に長椅子が階段状にずらりと並んでいる。何とも珍しい風景なので、なぜ階段状になっているのかと聞いたところ、スタートアップ企業が、自分たちに投資をしてくれる企業相手に常時、プレゼンテーションしてイノベーションへのチャレンジをアピールする場になる、というのだ。日本ではとても考えにくい独特のカフェだが、この深圳カフェが、ハイテクソフトウエア・パークにぴったりと溶け込んでいるから、何とも不思議だ。

北京大学分校や企業R&Dセンターが集積

このハイテクソフトウエア・パークには、数多くの先端技術を研究開発する施設が集中しているのは言うまでもない。現に、北京大学や清華大学といった有名大学の深圳分校だけでなく、公的な研究機関、企業のR&D（研究開発）センターが集積していた。文字どおり、深圳の先端の知識が集約されている地域と言っていい。そして、互いにライバル企業の研究や開発の動向を探り合うと同時に、情報交換や人的交流でプラス効果を生み出そうとしている。

深圳はまだ歴史の浅い都市だ。あとでも述べるが、中国共産党政府が1978年に改革開放政策の拠点にするため、漁村だっ

第7章　中国の新イノベーション都市・深圳　133

た地域を開発し経済特区、輸出加工区をつくって発展させた、という経緯がある。このため、当然のことながら、大学のような研究施設もなかった。しかし2008年から2009年にかけて世界経済を震撼させたリーマンショック時に、この深圳から外資系企業が国外に撤退したりしたため、中国政府は危機感を強め、それまでの輸出加工区のような「世界の工場」から政策転換をはかり、イノベーション都市・研究開発都市をめざした。それをきっかけに、大学や企業のR&Dセンターが続々と集まってきて、深圳自体がかつての漁村に比べて、今は大きく変貌している。

深圳にはイノベーション支えるエコシステム

さて、この新イノベーション都市深圳にはイノベーションをスピーディに具体化させ、ビジネスにつなげるユニークなエコシステムがある、という点をレポートしよう。エコシステムは本来、エコロジー（生態学）の意味合いを持つ生態系のことだが、それが転じてビジネス現場で収益を上げていくためのヨコ連携システム、となっている。

深圳版エコシステムがどういった点でユニークか、というと、南山区のハイテクソフトウエア・パークを含め、深圳市内のどこかの場所で生まれたアイディアがすぐに製品化されるシステムが整っているのだ。

端的には電子部品などの部品供給ネットワーク、さらには製品化する大小の工場群などのサプライチェーンがすべてそろっており、それらが、いわゆるヨコ連携を図ってフル稼働するエコシステムがあるのだ。早い話が、モノづくりのハードウエア

とソフトウエアの2つのイノベーションが互いに連鎖し合うような仕組みが深圳には備わっている。この点が、他のイノベーションセンターにはない、深圳独自の強みの部分と言っていい。

　深圳で中国関係者から話を聞いて、思わず笑ってしまったことがある。イノベーションにとって、アイディアをスピーディに製品化することが極めて重要なプロセスとなるが、米国カリフォルニア州のシリコンバレーでは、その作業が1ヶ月かかってしまう。それに対し、深圳は電子部品の調達から始まって工場で加工し製品化するまでのサプライチェーンの体制が整っているため、何と最短1週間で製品化が可能、という。

サプライチェーン網を生かし走りながら考える

　その中国関係者によると、シリコンバレーのベンチャー企業関係者の間では、グローバル下のスピードの時代にシリコンバレーのような対応ではビジネスチャンスを逸しかねない、との判断になり、仮にアイディアがひらめくと、すぐにデザインして設計図などを書き、深圳の企業関係者にPC（パソコン）のメール添付で製品化を依頼することがある、というのだ。時差を生かせば、シリコンバレーから発注したあと、モノによっては深圳のエコシステムに乗って、わずか1日ほどで製品化される。そしてシリコンバレーには時間を経ずに航空便で送られてくることもあり得ないわけでない、という。

　この話の真偽を確かめたわけでないが、深圳のサプライチェーン網を含めた状況を考えあわせると、十分にあり得る話だ。グローバルの時代、スピードの時代には、深圳のようなスピード対応が脚光を浴びる余地が十分にあるのだ。

第7章　中国の新イノベーション都市・深圳　135

その点、日本のモノづくりの現場を比較すると、まずは品質にこだわり、安全性などもチェックして完成品に仕上げてから、世に問う、市場に出す、という発想だ。これはこれで極めて重要な生産プロセスであることは間違いないが、深圳のケースは、未完成品でもいい、とにかく早くスピーディに作り上げて世に問う、要は、走りながら考えるのだ、という点に特徴があり、そこが日本のモノづくりとは決定的に違う。

世界トップの電子部品街・華強北地区

この深圳版エコシステムを支えているのが、電子部品などを安価で豊富に供給する華強北地区だ。現場に行ってみて、東京秋葉原の「電気街」の数十倍スケールでビルが立ち並んでいた。中国関係者によると、東京秋葉原をモデルに立地したそうだが、あるビルに入ってみると、さまざまな電子部品を店頭に並べるテナント企業がひしめき合っていた。

電子部品の買い付けに来ていた日本企業関係者から、次のような面白い話を聞いた。

「深圳の華強北地区の電子部品街は日本の東京秋葉原を凌駕し、世界でダントツの電子部品センターとなっているのは間違いない。半導体を含め、どんな電子部品でも時間をかけなくて調達が可能だ。店先で必要な部品の購入リストを示して、その店にないものがあれば、すぐに彼らのネットワーク網で2、3時間以内にそろえてくれる。製品化を希望する場合、工場も探してくれ、アイディアや設計図などを示せば対応してくれる」という。

事実、この日本企業関係者の発言どおり、華強北地区のビル

136

でおびただしい数の店舗を構える半導体などの電子部品の小売り＆卸売りの販売店は、ほとんどの店が深圳の大小の工場群とリンクしており、取引先企業のニーズに応じて、それら工場に橋渡しをする、という。まさに深圳が世界に誇るエレクトロニクス関係のサプライチェーン網の中心地だ、と言っていいかもしれない。

深圳版エコシステムの中核、メイカーズスペース

もう一つ、深圳版エコシステムにリンクしての注目点は、華強北地区のビル群の中にいくつもあるメイカーズフェア、メイカーズスペースというモノづくり広場のことだ。

2、3人もしくは4、5人で机のPCに向かって作業したり、あるいはディスカッションするグループがビルのワンフロアにいくつもある、と思っていただけばいい。そこがメイカーズスペースというモノづくり広場のことだ。華強北地区のビルの上層階は、彼らの格好のワーキングスペースとなっている。

彼らは、それぞれ独立したグループで、スタートアップをめざして必死にアイディアの製品化を行い、それをインキュベーターやアクセラレーター、ベンチャーファンドに売り込もうとしているのだ。話を聞いていて驚いたのは、彼らのほとんどがオープンに情報交換したり、人的交流をしていることだ。その雑談などの中からヒントが生まれ、PC上のメール交換で情報を共有することもあるという。

日本ではベンチャー企業などが、成功を独り占めしたいという意識が先行し、秘伝のタレのような独自技術を隠したがることが多いが、深圳にはそれとは無縁のオープンイノベーション

の仕組みが出来ている。そうしたオープンなビジネス風土が世界中からスタートアップやベンチャーをめざす企業を深圳に集め、イノベーションを加速させるきっかけになっているともいえる。

米シリコンバレー企業 HAX が深圳にも拠点置き活動

このメイカーズフェアに集まるスタートアップやベンチャーをめざす企業やグループを支援し、優れもの企業の発掘を行うアクセラレーターの、ユニークな米国企業 HAX の話をしておきたい。私は、深圳で彼らに出会うチャンスがなかったが、この華強北地区のビルの一角に HAX の拠点がある。HAX は米シリコンバレーを本拠にしているが、すでに述べたように、深圳がハードウエア、ソフトウエア両面のイノベーションセンターであることに着目し、華強北地区に拠点を置き活動しているのだ。

複数の関係者に聞いた話では、この HAX は、ネット上で半年に１回、スタートアップをめざす企業を世界中から募集し、毎回 15 社程度を選んでさきほど述べたメイカーズフェアなどの広場に集めて特訓を行い、その中から優秀企業を見つけ出して世界最大のクラウドファンディングのサイト KICKSTART-ER に仲介している、という。

深圳に自由度を与える中国政府の狙いは何か

経済ジャーナリストの立場で興味深いな、と思うのは、新イノベーション都市の深圳には HAX のような国境を越えてさまざまなベンチャーがらみの企業が集まり、オープンイノベー

ション風土の中で独自のイノベーションを展開している、という点だ。

冒頭に述べた中国の共産党政府が深圳に対して比較的、自由度を与えている、というのは深圳で出会った複数の中国人の専門家から聞いた話だが、最初、その話を聞いて、中国政府の狙いに関心を持った。

つまり、中国政府は、イノベーションによる経済成長に強い関心があり、この際、深圳に自由に活動させて、そこで生じるイノベーションの果実や成果を中国全体に広げて行こう、という狙いなのか、あるいは政治的に規制を加えたり、コントロールするのは無理だと感じた結果なのか、という点。そのあたりは定かでない。

しかし中国の共産党政府にとっては、国有企業改革などの進展が見られず、「図体のでかくなった」経済を引っ張るにはどうすればいいのか、という苦悩があるだけに、深圳で進むイノベーションのエネルギーをうまく取り込めないか、という思惑があるのは間違いないところだろう。ただ、その半面で、ベンチャービジネスに自由度を与えすぎると、企業家のもうけ過ぎが目立ち、その所得格差への反発が社会問題化する恐れもあり、政策判断に苦悩しているのでないか、という気もする。

深圳市の地方政府のベンチャー支援はケタ外れ

ところで、深圳版エコシステムの極めつけは、深圳市の地方政府が補助金でベンチャー支援、イノベーション支援を行っていることだ。しかも、その補助金を含めた財政支援の金額が中途半端でないのだ。

第7章　中国の新イノベーション都市・深圳　139

具体的に見てみよう。ベンチャー支援策のうち、興味深いのは孔雀計画という高度専門人材、グローバル人材などの誘致策だ。深圳市の地方政府は、イノベーションの担い手ともなる専門人材の獲得に躍起で、ノーベル賞受賞者ら優秀人材獲得のため、最高1人あたり研究補助700万元（円換算1億2000万円）を支払う計画を打ち出している。このほか、海亀組と言われる海外留学中の優れもの技術者らの積極誘致にも乗り出し、同じくかなりの補助金を出して人材誘致に乗り出しているのだ。

　このほか、深圳市の地方政府は、新世代情報技術（5G）、人工知能（AI）、医療、ライフサイエンス、ロボット、電気自動車、ウエアラブル端末、ドローンなどの技術開発型ベンチャー企業に対しても積極支援する考えでいる。

　これらベンチャー支援、イノベーション支援に関して、大胆な補助金政策を打ち出しており、中国国内の他の都市や地方政府からすればうらやましいという見方がある一方で、なぜ財政面で大胆な政策を打てるのか、反発を招かないのか、という疑問が浮かぶ。

「移民都市」には数々の特異性、人口の平均年齢32.5歳

　それらの点に関して、複数の中国人の専門家から、極めて興味深い話を聞いた。

　その一つが、深圳市の特殊な歳出・歳入構造にあった。具体的には、2018年現在の深圳市人口1300万人の平均年齢が32.5歳という若手中心の人口構成であること、子どもや高齢者が極めて少ないため、社会保障関連の財政負担を強いられる必要がないこと、しかもアグレッシブなベンチャー企業が多いため、

法人税収がケタ外れに多いことがプラスに作用し、イノベーション対策に回せる財政資金が潤沢なのだ、というのだ。

　同じ中国国内で、これほど特異なプラス材料を持つ行政都市はないだろう。その理由が２つめとなる。つまり深圳市は、中国国内でも珍しい「移民都市」という点だ。もともと人口３万人程度の漁村が、1978年の改革開放で、モデル拠点となり、経済特区の扱いを受けて以降、中国国内から農民工などの出稼ぎ労働者が「移民」という形で深圳に集まり、人口が急増、それが今や人口1300万人の巨大都市になった。

　2018年現在、都市戸籍を持つ常住人口が290万人、農村からの出稼ぎ者など雇用を求めて流入する非戸籍常住人口が1000万人強と聞いたが、本籍・深圳の人口は少なく、ほぼすべてが中国の他地区からの「移民」と見ていい、という。

「既得権益勢力がはびこる余地がないこともプラス」

　別の中国人の専門家はなかなか面白い指摘をしている。

　「深圳の場合、移民人口が生み出す活力は確かに大きい。しかし、権力志向の強い北京中央政府から距離的に遠い南方地域にあったこと、改革開放モデル地区として自由度が与えられたこと、既得権益勢力がはびこる余地がなかったことなどがプラスに働いた。だからイノベーションに対し貪欲にチャレンジが可能になった」と述べている。

　この中国人専門家の指摘を中国ウォッチャーの日本人の専門家に聞いてみたところ「なかなか鋭い分析で、ほぼ指摘どおりだ」と述べている。特に、その専門家は「深圳が中国の改革開放のモデル地区として特異な位置づけが行われていたこと、そ

第７章　中国の新イノベーション都市・深圳　141

の深圳が他の中国諸都市と違って既得権益がほとんどなく、それら既得権益勢力に影響を受けることなく自由に活動できたこと、とくにイノベーションへのチャレンジを歓迎されたことが多くの移民人口の人たちを奮い立たせ、それが活力の源泉になったのでないか」と述べている。

　この2人の話を聞いて、深圳が急速に独自の進化を遂げた理由が、私なりに読めた。

ドローン世界シェア70％のDJIはユニコーン企業

　さて、新イノベーション都市深圳の現場の動きに話を戻そう。深圳のベンチャー企業の現場を見学して驚いたのは、新たに起業してからわずか数年で、株式の時価総額で10億ドル以上の評価額になるユニコーン企業にのし上がる企業がいたことだ。ネット上の百科事典ウィキペディアによると、ベンチャーキャピタリストのアイリーン・リー氏が成功企業の希少性を表すため、神話的動物ユニコーンからこの名前をとった、という。

　私が現場で目にしたユニコーン企業の一つは、深圳に本拠を置くDJIだ。空中からカメラ撮影する無人航空機ドローンの開発・生産・販売に取り組む企業で、2006年創業からわずか12年で世界シェア70％を有する企業に急成長、2017年時点の売上高は円換算3000億円にのぼる。創業時は20人スタートだったが、今や社員数1万1000人に膨れ上がる。主力が研究開発に取り組む人たちで、しかも社員平均年齢が26歳というから驚きだ。

　創業者のフランク・ワンさんが香港科学技術大学院在学中、ヘリコプター制御技術の研究成果がビジネスになると起業、試

行錯誤の末に四つの回転翼をつけた「ファントム１」という小型ドローンを開発し一気に開花した、という。本社ビル近くのショールームで、手のひらに乗る超小型ドローンなど個人ホビー用から商業用の機種を見せてもらった。空中で静止させたりする制御機能の付いたコントローラー、それに画素数がケタ外れに大きい高性能カメラをリンクさせて空中を飛ぶのだが、技術レベルは確かに高かった。

米 HAX に評価された MAKEBLOCK も有望株

ユニコーン企業ではないが、優れもの企業として評価が高かったのが、企業見学した MAKEBLOCK だ。子供たち向けにプログラミングが可能なロボットキットを数多く開発、いずれはロボット工学にも関心を持ってもらおうと世界中の学校など教育機関を通じ 450 万人のユーザーを確保した企業だ。2012 年の創業当初から DJI と同様、海外市場先行で、現在、日本を含めた海外諸国での売上高が全体の 70% を占める。

この MAKEBLOCK は、すでに紹介した深圳に拠点を置くアクセラレーターの米国企業 HAX に評価され、大手セコイアキャピタルから出資を得て製品化に成功した。500 人社員の半数が開発に関わり、生産は深圳版エコシステムに依存するユニーク企業だ。

DJI、MAKEBLOCK 以外にも深圳には、ハイテク企業を中心にイノベーション力のある企業が目白押しだ。具体的には米 Facebook 中国版の TENCENT（テンセント）、米国とのハイテク摩擦のターゲットになっている通信機器メーカー HUA-WEI（ファーウェイ）、電気自動車生産で急成長の BYD、0.01

ミリの薄さの開発素材メーカーの ROYOLE、3D センサーカ
メラメーカーの ORBEC などだ。興味深いのは、ROYOLE や
ORBEC の創業者が、いずれも深圳地方政府の海外人材招致の
孔雀計画によって中国に帰国した海亀組の若手中国人エリート
たちであることだ。

国際特許出願件数で中国、とくに深圳が突出

　世界各国の特許の出願件数をとりまとめている世界知的所
有権機関（WIPO）の 2018 年時点の国際特許出願件数が最近、
明らかになった。日経新聞が伝えるところによると、中国の
2018 年の特許出願件数は 5 万 3345 件で、何と世界全体の 21％
を占め、トップ米国の 22％に肉迫する状況、という。

　中でも、深圳の特許出願件数はその中国の 52％を占め、2 位
の北京の 13％を大幅に上回ったこと、その深圳の特許出願の
中核が米国との技術摩擦対象のファーウェイ、同じく通信機器
の ZTE などで、それら企業の出願は第 5 世代の通信と言われ
る 5G 関連のものに集中していることなどが特徴という。

　かつては、日本が特許出願件数では世界のフロントランナー
だったが、今や世界の GDP（国内総生産）で中国が日本を追
い越して世界第 2 位の経済大国になったのと同様、中国はこの
特許出願件数でも日本を上回っている。

　中国深圳のイノベーション動向を丹念に現場ウォッチし「加
速都市深圳」という切り口で分析評価される東京大学社会科学
研究所准教授の伊藤亜聖さんにお会いした際、興味深かったの
は、中国のイノベーションが、サプライチェーン型、デジタル
エコノミー型、社会実装型、科学技術型の四つに類型化できる、

という考えだ。とても参考になる。

「日本は経営判断がスローだ」と中国ベンチャー指摘

　私自身が新イノベーション都市・深圳の動きを見ていて、特に若手の中国人は、デジタル革命を巧みに取り込みながら、イノベーションにチャレンジしている点がすさまじい、という印象を持った。しかも、冒頭に述べたように、イノベーションに貪欲で、ハングリー精神が旺盛、そして日本がデフレの長いトンネルの中で身動きとれず、いつしか忘れてしまった経済成長への執着心を彼らが持っていることが、ある面でうらやましかった。

　その一方で、深圳の中国ベンチャーキャピタルの若手経営幹部から、厳しい指摘を受け、悔しい思いをした。「日本企業関係者がひっきりなしに視察に訪れる。ビジネスチャンスありと思えそうな人に話を持ちかけると、返ってくる答えが『面白いご提案だ。でも私の一存では決められない。東京の本社に戻り話し合って回答する』と。スピードの時代に経営判断がスローだ。日本企業はビジネスチャンスの芽を自ら摘み取っている」と。

日本は常識破りで独自のエコシステムに挑戦を

　そこで、私の問題提起だ。深圳でスタートアップ企業のアイディアをすぐ製品化するメイカーズスペースといった、オープンな技術情報の交換広場システムをはじめ、スピーディにイノベーション展開する深圳版エコシステムが大いに参考になったのは事実である。しかし日本は、これら深圳モデルを真似よう

第7章　中国の新イノベーション都市・深圳　145

としても無理がある。それよりも日本企業が自らの強み、弱み
をしっかり見極め、その力をフルに作動させる新たな日本版エ
コシステムづくりに踏み出すしかない、と私は思う。

　でも、私の見る限り、日本はこのオープンイノベーションの
重要性を再認識し、必死でチャレンジするしかない。その際、
企業はレガシーと言われる過去の成功体験に執着せず、しかも
自前主義、とくにすべて自前でやり遂げるというフルセット型
自前主義と決別し、時代の先をしっかり見据えて、既存の枠組
みと違って新しい発想で動く内外のスタートアップ企業などと
オープンに積極連携するしかない。今こそ常識破りが大事だ。

カギはオープン＆クローズド戦略の活用

　そのカギを握るのがオープン＆クローズ戦略だ、と私は最近、
実感している。具体的には、強み部分のコア技術、秘伝のタレ
の技術をブラックボックス化してクローズドにする一方で、そ
れ以外の生産技術などに関しては、さまざまな企業と大胆に
オープンベースで連携し、専門知識や技術情報の交換や共有を
行って新事業にチャレンジする。要は、米国のインテル、日本
のコマツ、ダイキン工業などが戦略展開している秘伝のタレの
技術を軸にしたオープン＆クローズ戦略で勝負することだ。

　日本企業は、優れもののオンリーワンの技術に加え、品質管
理技術、メインテナンスの技術など、他の国々に比べて、まだ
まだ強み部分を持っている。だから、あとは自前主義を捨てて、
いま述べたオープン＆クローズ戦略によって、広く外部の世界
に横たわる新事業創出のビジネスチャンスとの連携を探ればい
いのだ。日本にとっては、その戦略展開の場の一つが、アジア

の成長センターだと考える。

日本は成熟社会システムづくりで先行を

　最後に述べておきたい。新イノベーション都市・深圳の取り組みは間違いなく日本に強烈な刺激材料だ。学ぶことも多い。しかし中国全体を見渡した場合、人口の急速な高齢化への対応と経済成長への取り組みが同時に襲い「中進国のワナ」に陥って苦悩している。そこで、日本も発想の転換が重要だ。

　日本が世界でもフロントランナーの人口の高齢化国で、かつ人口減少国だが、人口高齢化などに伴う新たな成熟社会システムづくりをめざすことだ。日本はさすが成熟社会国家だと言われる先進モデル事例をつくればいいのだ。

第8章　歴史の大変動にも生き残った
　　　長寿企業の経験

野田泰三（株式会社セラリカNODA 代表取締役社長・
　　　　　茶道裏千家淡交会北京同好会 相談役）

「水の二面性」からのヒント

　最近話題となっている中国の巨大経済圏構想「一帯一路」は、現代のシルクロード「一帯一路」による中国とユーラシア大陸沿線参加国の協力による経済発展の実現を目的にしている。その大きな欠陥と海外から批判されているのが、債務の膨張によって参加国の経済破綻のような逆の結果に陥ってしまうこと、そして、このシステムに垣間見える、中国の「自己中心性」についてだ。今後その修正に向けた様々な検討においては、本質的で重要なコンセプトとして、2000年前のシルクロードでガンダーラを起点に「大乗仏教」が西に東に南に伝わっていった歴史を思い起こすことにヒントがある。

　インドで誕生した小乗仏教と大乗仏教は、同時にシルクロードで沿線国に伝わった。そこから中国人がレベルの高い評価を行い本物の仏教として選んでいったのは、現世での利他行を重視する「大乗仏教」であった。さらにそれは、500年をかけて海を渡って東の果ての日本にも到着した。「令和」の命名者と言われる万葉学者・中西進氏によれば、大乗仏教はその頃自然を愛する日本の風土と上手に融合し、仏典が説く「草木国土悉皆成仏」は、日本思想の中心に結実していった。人間や神仏に

限らず、草木や国土も皆等しく仏性を持っており、仏になることができる。草木も国土も神仏も人間も皆同じく一列に並んで共に生きていると、長い歴史の中で日本人は考えてきたと説いている。

2019年5月1日に即位された令和時代の新天皇陛下は「水の研究家」でもある。皇太子時代の国内外の講演の中で、陛下は、水は二面性があり、過少になるとどんどん汚れ飲む人達の病気の原因となり、水を確保するために婦女子の過重労働の元ともなっていった一方で、逆に水は過剰になると水害の元にもなるとお話しなさっている。

水をコントロールし人々の豊かさを実現した事例として陛下が挙げておられたのが、安政南海地震（1854年）で津波による水害と戦い、多くの人々を救った和歌山県広川町の濱口梧陵という人物だ。彼は強い「利他精神」を持ち、将来の防災のために大きな津波堤防を築きあげ、海側には松の木を植え、津波に攫われた時に掴まれるようにし、土手にはハゼの木を植え、人々がハゼの木から採れる蝋で商いができ、平常時にも豊かになれるよう工夫していったことに注目されている。

彼の造った津波堤防は90年後の昭和21（1946）年の昭和南海地震で、津波による被害を最小限に食い止めた。私たちの先祖が創業した「ハゼの木」産業は海や川の洪水から人々の生命を守り続けていった。

アジアに共通する利他精神

ベトナム科学アカデミーの会長であったブーテン・ファンさんがかつて訪日された際、私たちの会社の取り組みをご説明す

る中でとても仲良くなり、後にベトナムの首都ハノイで「生命ロウ＝セラリカセミナー」を開催して頂き、生命科学系の最高レベルの研究者が多数参加した。

その後のパーティーでは彼の小学生の息子さんともお目にかかり、ファンさんがベトナムの「ドラえもんファンクラブ」の会長をしていることを知った。

ファンさんが来日された時に、なぜ私たちのような小さな会社をこんなにも重視してくださっているのかを聞いてみた。ファンさんは日本ベトナム友好協会の会長も兼任しているので、日本の大臣や大企業のトップともよく会われているが、彼の本音の考えは、いくら親しくなったとしても彼らは結局はベトナムを利用するだけの付き合いでしかない。それに対してセラリカNODAはこれからのベトナム国民や自然環境についても、本気で良くするために共に行動しようとしているからだと話してくださった。遠くから見るととても小さい夜空に輝く星が、近づいてみるととても大きいことに気が付くようだ、と。そのような存在として我々を励まし認めていただき、私のことも「セラリカドラえもん」と命名してくださった。

そんな、187年前に創業した神奈川県県央地域の長寿企業の挑戦の話をしたい。1980年代の台湾や1990年代の中国・北京に毎月のように通い、楽しかった日々を思い起こしながら――。

数千年の歴史を持ち人類の豊かさに貢献してきた天然物は戦後の僅か30年で100年の歴史しかない石油化学に押しつぶされそうになっていた。豊かさの反面の公害問題克服や持続可能な社会の実現からも、21世紀は皆の望む地球環境を向上させ、安心安全な質の高い天然物の時代になるために自分のやるべき

ことは、巨大な石油産業に負けない天然物再興の戦いだと考え、過去の栄光などに関心を寄せる暇など全くなかった。

ところが今から14年前（2005年）に、日本の長寿企業の特質を解き明かした書籍『千年働いてきました』（当初角川oneテーマ21、現在新潮文庫）の取材を受けることになり、大宅賞作家でノンフィクションライターの野村進氏の来訪がきっかけとなって、今まで過去を振り返ったことのない私が、自社もその一つである伝統や歴史を持つ長寿企業の価値にだんだんと目覚めていった。

さらに日刊工業新聞社の「100年経営の会」創立に参画し、元経済産業省次官で、日本が金融資本主義に覆われていくことに対し明確に反対する立場をとっておられる北畑隆生会長から貴重なアドバイスを頂いたこと、国際的な高いセンスを持つアジア太平洋大学学長であったモンテ・カセム先生と出会ったこと、さらに、静岡芸術文化大学准教授の曽根秀一先生からファミリービジネス学会での講演へお招きいただいたことをきっかけに秋澤光学会会長ともお付き合いを続ける中で、多くのことに気づき、だんだんと長寿企業は日本から世界に発信できる素晴らしい価値だと思うようになってきた。

さて、これから「セラリカドラえもん」と一緒に「長寿企業」について皆で一緒に考えてみたいと思う。答えを探すにあたっては、野村進氏の『千年働いてきました』を参考にした。

「長寿企業」の定義

一般的には企業寿命30年と言われる中で、長寿企業とは、危機を乗り越え創業100年以上の歴史を持つ企業とする。

それでは「日本に長寿企業はどのくらいあるのだろう？」

　──日本には、創業100年以上の会社は、東京商工リサーチの調査によれば、なんと３万社以上ある。

　そのシンボルとなる「世界最古の会社はどこの国にあるのだろう？」

　──驚くことに、我が日本にある。大阪の飛鳥時代の1400年以上前の578年に創業した「金剛組」という寺院や神社専門の建築会社こそが世界最古の企業だ。

「日本の長寿企業で一番多い業種は何だろう？」

　──長寿企業で一番多いのは製造業だ。建設業も合わせるとものづくり企業が３分の１以上ある。

「何故こんなにもたくさん日本にはものづくりの長寿企業があるのだろう？」

　──日本の歴史では、天下を握った武士たちがもともと農民の出身であり、大名も含めて今までの日本人は身体を動かして働くことを当然のことと考えてきた。このことが今日の日本人の「技術を大切にして育てる文化」の根底になっていった。

「お隣の中国や韓国には長寿企業はあるのか？」

　──ところが日本の隣にある韓国には100年企業はなく、中国にも十数社しかない。

「何故少ないのか？」

　──中国大陸や朝鮮半島では、労働を伴う仕事は王侯貴族の行うものではなく下級な人々の仕事と見なされていた。

「日本の長寿企業の特長は？」「それから学ぶべき点は？」

　──その答えは北畑会長がまとめられた日刊工業新聞社「100年経営の会」のパンフレットからお答えする。

世界に誇れる長寿企業

　日本企業の多くに共通する「長期的な企業の存続を重視する経営」は、壊滅的打撃からも奇跡の復興を遂げられる世界に誇れる企業価値となるいくつかの共通点がある。

①長期的な経営視点を持ち、良き伝統を活かしながら、環境の変化を先取りし、不断の革新を繰り返してきたこと。

②短期的な利益よりも、長期的、持続的な企業の存続を基本とすること。

③何よりも顧客を大事にし、商品のブランドや企業のアイデンティティーを大切にすること。

④従業員を大切な資産だと考え、教育訓練や長期的な雇用を重視すること。

⑤株主だけでなく、顧客、従業員、地域社会などのステークホルダーにもバランスよく配慮すること。

　これらは、欧米、アジアのエクセレントカンパニーにも共通するので、長期的持続的経営を新たな企業価値として体系化し、国内外に発信することはとても重要としている。

　さて、質問を続けよう。

「企業を長寿化させるためのヒントやポイントは？」

　──“老舗”という言葉を世界語にすることを見据えて、海外の有名な学会で初めて「Shinise」を紹介した若手経営学者である曽根秀一先生が、この春に新たな著書『老舗企業の存続メカニズム』を出版した。本格的かつ実証的な長寿企業研究として高い評価を受けており、是非この本をお読み頂きたい。

第8章　歴史の大変動にも生き残った長寿企業の経験　153

代々の歴史の中で経営者の果たしてきた善行の結果として表れる、現在の経営者とこれからの後継者に示される良運的な側面、例えばとても困難な場面でどんな人物がタイミングよく現れ、良いアドバイスを与えてくれるのかも、私の経験から見ても長寿企業化の隠れたポイントであるように思われた。

「現代の力のパラドックス」を若者の力で解こう

　そのような長寿企業の一例として私共セラリカ NODA についてご紹介したいが、その前に、中国「一帯一路」の限界を突破するために重要だと思われる、50 年以上前の私の高校時代の話へととりあえずタイムシフトする。

　当時、高校の先輩である庄司薫氏が芥川賞をとった小説『赤頭巾ちゃん気をつけて』の中には、当時の中・高校生（団塊の世代以降の、現在 50 歳代から 60 歳代後半の私たちの世代）の若者に示した重要なパラドックスがあった。それは、「みんなを幸せにするためにはいかに生きるべきかを深く考えていくと、それを実現するためには自らが力を持たなければならないことに気がつく。そして、その力を得るには、他人と競争し、相手を蹴落としてでも自分が勝ち残っていかなければならないので結局大切な自らの人間性をも失ってしまう」という根本的な矛盾に行き当たるのではないかということだった。

　小説の発表から 50 年後の今なお、日中の若者がどのようにこの問いを深く解いていくのかが問われ続けている。

台湾との長い歴史の中での深いご縁

　私の父は台湾を視察する中で、農民達が日本向けの輸出用玉

ねぎを生産しても規格外品は輸出できず、現地でも食べる習慣が無いので処理に困っている様子に気がついた。そこで、彼らが畑にそれらの野菜を捨てる前に全て集め、野菜エキスへ加工する新工場を1972年に台湾南部の屏東県に建設した。工場の建設により、それまで畑に山積みされ、腐って酷い臭いを発して農民を困らせていた問題を解決するばかりか、当時日本で人気が出てきた加工食品である、焼肉のタレやインスタントラーメンのスープ向けの野菜エキスとして上手に利用することによって、日台の人々がともに豊かになる道をつくることができた。それはまた、法華経信者である父の、「利他」を重視する想いの実現でもあった。工場は無事に完成したが、その心労からか父はまだ54歳という働き盛りの中で急逝した。

それまで主婦経験しかなかった母は社長をすぐに引き継ぎ、初めての仕事として新工場視察に台湾を訪れた。父の親友であった顧問弁護士の、「私たちは先の戦争で、中国や台湾に迷惑をかけた。だから、社長が亡くなったとはいえ、こちらの都合で勝手に工場を閉鎖するのではなく、日本人は約束を守る民族だと彼らに示すためにも、この台湾事業を残された者が団結して継続しよう」という進言に耳を傾けたからだ。

台湾の工場の地に立った母の目に映ったのは、今まさに建てられたばかりかのように、夕日に照らされ赤く光り輝く新工場建設の記念碑だった。3年前に父によって建てられた碑は、毎日の強い日差しやスコールの中でも、少しも色褪せていなかった。その時、母は「父の魂はまだしっかりとこの台湾の地に残っている」と確信したという。そして、周りの人たちの日中国交回復後の日台断交を理由にした台湾撤退のアドバイスを押

第8章　歴史の大変動にも生き残った長寿企業の経験　155

し切ってでも、この工場を自ら存続させようと決意した。

　自分の両親についてこのように言うのもためらわれるが、母は父をとても愛していたのだと思う。だからこそ、父が大切にし、やり残した事業を自らやり続けようと志したのだ。互いに尊敬し合える人々との関係や、代々の家族の中で紡がれた想いの中にこそ、真の未来がある。

　私もこの台湾南部の新工場に20代で赴任した。早朝の朝礼で話をする時に、舞台の「ライオンキング」（劇団四季）のように、目の前に大きく朝日が昇り、熱帯の大地からは水蒸気が湧きあがった。社員の若者たちの、たくさんのキラキラした目が輝き、まさに生命の島・台湾はとても美しく印象的だった。

　この工場は事業としても成功し、仕事を通じこんなにも素晴らしい経験をすることができたことは、その後の私の人生にとっても大きな財産となった。

　原料の玉ねぎは、台湾最南端に近い「恒春」で作られている。そもそも「恒春」は、明治時代初期の「牡丹社事件」の現場でもあり、日台関係の大きな転機ともなった場所であった。「牡丹社事件」とは、台風で流され漂着した宮古島島民一行の内、54人が台湾の原住民に殺された事件である。その一行の長で宮古島の頭職でもあった14代仲宗根玄安は、私の家内の母方の先祖でもあった。私と結婚する以前から30年以上にわたって、家内は仲宗根玄安一行の慰霊のために沖縄、宮古島、台湾の恒春を何度も熱心に訪問している。平野久美子氏によれば、その後殺した側の原住民クスクス社頭の5代目タリグ・プジャズヤンさんと宮古島被害者の頭の3代目である仲宗根玄吉さんが事件後140年目に国と国の関係を越えて当事者同士、互いに

跪いて心より和解することができた。

「日本が東南アジア各国を欧米の植民地から解放したから、アジアは親日だ」と言う人々がいる。しかし、日本が植民地化したアジアの国々では、人々を日本人と同等に扱わずに見下し、警察力によって日本政府の意志に無理やり従わせようとした。そのことにより、現地の人々は表には出さなくとも、心の中に強い反発心を生み出していった。

台湾で人気のテレビドラマシリーズ「大稲埕の夢（Netflix で視聴可能）」は、今から100年ほど前の1920年代の日本占領時代の台北繁華街が舞台である。このドラマは、当時の歴史を若者の心に伝える、台湾初の「大河ドラマ」でもある。台湾芸術の創成期の様々な人間模様や、日本の植民地支配からそろそろ脱して、台湾人も参加出来る議会を設置することなどを求めた民主化運動、さらに、台湾の歴史や文化伝統に深く根差し、台湾語を美しく感じる独自の台湾人意識が芽生えていった時期の家族や若者を描いている。

運動のスローガンは「団結するほど強くなる」だった。彼らは、民主化を目指す仲間内で互いのわずかな違いを批判することでバラバラになり憎しみ合うのではなく、長期的な視点から小異を超えて大同につき、互いに助け合い励まし合い団結することを重視し、一歩一歩運動を進めていった。

その中で日本の先人が果たした役割は、その当時、日本の優れた芸術家や芸術教育者達が台湾を度々訪れ、あるいは台湾大学の教授として着任し、意欲と才能がある台湾の若者の発掘に情熱を傾けた。彼らに自らの技術をすべて教え、励まし、そして勇気づけ、日本以上の美しさを持つ台湾の風景を、台湾人と

第8章　歴史の大変動にも生き残った長寿企業の経験　157

しての誇りを持って描くようにと育成していった。そして、日本人に負けない一流の台湾芸術家をたくさん輩出した。

日本の先人の、台湾人に対する心のこもった教育への情熱が、現在の台湾の人々へも語り継がれ、日本への強い感謝の原点となっている。映画『KANO　1931 海の向こうの甲子園』で、台湾に東洋一のダムを造り、嘉南平原を台湾最大の穀倉地帯に作りあげた八田與一を演じた俳優、大沢たかおは、今台湾で一番有名な日本人となっている。

"善" 循環型社会の構築をセラリカ NODA は目指す

セラリカ NODA は、「大塩平八郎の乱」の元凶となった天保大飢饉が起こっていた当時、人々を飢餓から救い藩の経済復興を目指すために、天保 3 （1832）年に有馬藩（現在の九州福岡県八女市）で野田家第 8 代、野田常太郎が創業した製蝋メーカー「野田製蝋」を祖とする。昭和の高度経済成長期には、「野田ワックス」という社名だった。

1984 年にジェトロが世界中の事務所で実施した「日本に輸入してほしい品目アンケート」の上位には、動植物ロウが入った。それをきっかけに、私は良質の動植物ロウを求め、中国奥地からキューバや南米ブラジルまで世界中を歩いてきた。そこで気付いたことがある。それは、ロウを産出する植物がきわめて厳しい自然環境の中で生育しており、過酷な環境から自らの身を護るためにロウを分泌するのだということだ。

当然のことながら、一帯は、一般の作物が生息しにくく、その国の中でも住むのが困難な貧困地域にあたる。私は、そこに住む人々と一緒になり、動植物ロウを産出する植物や昆虫を上

手に生育させることができれば、緑は増やすことができ、同時に貧困に苦しむ人々の生活も向上できるのではないかという考えに至った。悪条件の土地に植林をすることで、生産者とユーザーの心を繋げ、共に豊かになっていくことができる――。私たちはこれを「セラリカの"善"循環サイクル」と名付けた。

　ロウは大きく2種類に分類される。鉱物、つまり石油や石炭より抽出、あるいは合成される「鉱物系ロウ」（即ちワックス）と、植物や昆虫が体内で生み出す「生命ロウ」とがある。「生命ロウ」には、植物系（モクロウ、カルナウバロウ、キャンデリラロウ、コメヌカロウ、サトウキビロウ）や昆虫系（ミツロウ、雪ロウ）などがある。

　弊社も、石油、合成系のロウを意味する「ワックス」と、私たちが関わっていく生命ロウとを明確に区分けする目的で、子どもでも知っている「ワックス」という社名をあえて捨てることとした。生物の生み出す生命ロウの愛称を、スペイン語のCERA（ロウ）とRICA（豊かな）を組み合わせた新たな造語、「生命ロウ＝セラリカ」と名付け、世界中で生命ロウ＝セラリカに関わる全ての人々が豊かになることを目指す、「セラリカ構想」を1990年に打ち立てた。その後1995年には社名を、現在の「セラリカNODA」へと変更した。

　明治期から昭和前期まで、西日本を中心に全国には木ロウ分野の企業が1000社以上もあったと言われている。木ロウは日本の天然物産業の輸出品目としても大きな位置を占め、農民を飢饉から救い、各地に豊かな資産家をも生み出した。

　昭和後期以降、ハゼの木の実からロウを抽出する「モクロウ産業」は、石油ワックスのパラフィンによる価格破壊攻撃と木

第8章　歴史の大変動にも生き残った長寿企業の経験　159

ロウ生産者の高齢化の中で衰退の道を歩んでいった。

　天然物重視や地方創生が叫ばれる昨今、弊社は、この「モクロウ産業」復活を目的にし、日本最古の稼働ボイラーを持つ木ロウ工場を再建し「ハゼの実スクール」を西日本各地で開校している。スクールには100人ほどの参加者が集まり、その半分が高校生でもあった。最近では、和歌山県の「りら創造芸術高校」の女子高校生2人が教頭先生の指導と地元の人々のアドバイスを上手に活かして、森に何度も分け入り、既に枯死したとされていた天然記念物のブドウハゼ原木を遂に発見して、大きな話題となった。まさに今、櫨（はぜ）の森に若者が帰ってきたのだ。

「生かす発想」と「殺す発想」

　農林業関係者にとても嫌われている「カイガラムシ」という昆虫がいる。たしかにしぶとい害虫ではあるのだが、カイガラムシを覆っているあるロウは、真っ白な色が特長なので、著名な昆虫学者の賛成のもと、それを「雪ロウ」と名付けた。このロウは光沢があり、化学的にもきわめて安定している。いくら農薬を撒いてもなかなか駆除できないのは、カイガラムシの「巣」そのものであるこの雪ロウのせいだ。

　この雪ロウは、人口減少する中国山間部の環境の向上と貧困の脱却にも役立つ。大手化粧品メーカーにも採用され、煤の出ないキャンドルの主原料としても国際特許が取得されるなど、優れた機能性を持ち有望な可能性を秘めている。まさに"害虫"が"益虫"に一転したのだ。

　脊椎動物の最終形態が人間ならば、無脊椎動物の最終形態は昆虫であるといえよう。人間は地球の王様のように振る舞って

いるが、実は昆虫も同様に長い歴史を持ち、進化を重ね、およそ180万種もの多様な生物種として存在している。一方で、これまで人間が"益虫"とみなして利用してきたのは、ミツバチとカイコぐらいで、あとの虫は、数億年をかけて進化してきた本質的な価値を無視して"害虫"として邪魔者扱いし、農薬や殺虫剤でどんどん殺してきた。こういった人間の浅はかな考えだけで、邪魔者を排除し「殺す発想」こそが、現在の、開発のために自然を平気で破壊する行為にもつながっている。

　現代人は、無農薬の有機農産物を「オーガニック」ともてはやす一方で、夜中にゴキブリが一匹でも出てくると大騒ぎを起こして殺虫剤を部屋中に撒き、とことん殺そうとする。「農薬＝殺虫剤」なのだから、こんな矛盾した話はない。こういう現代人の感性を不思議に思わないところに、今を生きるわれわれの問題の根底がある。当然視してきた「殺す発想」をここで止め、カイガラムシの例ように、これからは智恵を絞り「生かす発想」へと転換していく必要がある。

現代日本でも大人（たいじん）をつくる教育を

　90年代の北京では、文化大革命を反省し、知識人や文化人は謙虚で自由な雰囲気に満ちていた。中国の若者を代表してマカオ返還のテープカットをすることになっている天才少女と話した際には、彼女は未来の大きな夢を語った。そんな中、彼女にむしろ「普通の生き方の尊さ」をすすめる中国仏教協会の張琳国際部長の高い見識に出会うことができた。

　彼は、私たちの中国での昆虫プロジェクトに関心を示し、「生かす発想」での雲南省の環境の向上と貧困脱却を目指す私

たちの取り組みを、ボランティアで心から応援してくださった。

　ただ張さんは、それがきっかけとなり中国仏教協会の役員を罷免されることになってしまった。謝罪する私に対して、張さんは、私たちの「利他」の心に共感して一仏教徒として自分の意志で応援したので、何も後悔などしていないと話された（ちなみに半年後に彼は復権した）。中国では幸運なことに、こうした大人とも出会うことができた。

　現代の大企業は、巨大なビルの本社を持つことで自社のスケールにみな安心してしまい、逆にそこに勤める人々にとっては、時間に追われる生活を送る中で、過去にあったはずの心の「広さ」と「大きさ」を失ってしまっているように感じられる。

　例えば「茶道」というものは、元々、自然に研ぎ澄まされた伝統の世界であり、くぐり戸を持つ茶室のほんの小さな空間で行なわれる。その小さな世界に膝を突き合わせて集い、お茶一杯が媒介する淡い関係の中から、明治時代には世界を動かす人間たちがたくさん輩出されていった。

　さらに、長い間日本の教育では当たり前であった、先輩がモデルとなり、言葉による指導よりも自らの後姿を示すことで後進を教育するという仕組みがいつの間にか無くなり、言葉中心の教育となってしまっている。大学院大学至善館のモンテ・カセム学長は、日本の「後姿教育」こそが長寿企業が存続できたポイントだと見抜いていた。

　現在でも「後姿教育」で利他を実践しておられるのは、80歳を超えても毎週のように大災害に苦しむ人々のもとに遠くまでお出掛けになり、常に困難にある人に付き添われ励まされてきた平成の天皇陛下（現上皇陛下）ご夫妻のお姿だ。不安定な

社会が当たり前になりつつある欧米社会と比較しても、天皇陛下の後ろ姿は、日本社会の安定に大きな力を発揮している。

AI 時代の社内「セラリカ大学」の若者たち

　現在私は、社内に「セラリカ大学」を開校している。

　来る AI 時代の中で、高校や大学で学んだ普通の若者たちが、未来にも継続的に意味のある労働を果たせるようになることを目的としている。AI 学者の新井紀子さんが発見したように、AIの弱点は読解力の弱さだ。それは今の若者の弱点とも通じる。「読解力」、「聞く力」のように、自らと異なる生き方をしている人の考え方を、先入観を持たずに正確に理解できるのはとても重要な能力であり、それを鍛えていく。さらには、自分の考えていることを、意見が対立する人たちの心にしっかりと届け、説得力をもって相手の心を動かす表現力を持つこともとても大切である。それは「話す力」であり「書く力」でもあろう。この「理解力」と「表現力」を彼らに徹底して教え、行動させていく場として、私は社内に「セラリカ大学」をつくった。

　大事なことは、自ら意志をもって計画を立てて、下手でも必ず実行することである。例えば、高校時代には遅刻を繰り返していた子に対し、目覚まし時計や親に頼りきらずに、前夜に何時に起きると自分で決めたことを必ず実行せよと意志を教え、結果として社内の遅刻は無くなっていった。

　彼らの中から自発的に英語を勉強してみたいという声があがり、高卒入社の社員たちが３人組のチームとなり、単語とその意味を暗記する英語学習を進め、３人揃って 10 点満点となれば「連勝」と認めていった結果、60 連勝を達成するまでに成

長し国際展示会でも50社に英語で説明した。

　それで社員全員が英語か中国語をこの1年取り組むことになった。さらに使われないまま倉庫に眠っていた「中プラント」を復活させ、高品質新商品が現場の若者の手で生み出されるようにもなっていった。

アジアの若者の協力で世界の未来を創れ

　現在、セラリカ大学の学生は、彼らの理解者である朱建榮東洋学園大学教授と協力して、岩のように固まっている中国大地を豊かな軟らかい大地に変えるために、食品のみで作られた安全な土壌復活天然物エキスづくりにも取り組んでいる。

　私の母校、都立日比谷高校は黄金時代を経て、行き過ぎた平等主義の嵐の中で90年代は長く低迷していた。しかし、最近では東京都で最も入学したい高校へと復活してきている。

　その人気の秘密の一つは、1年生から3年生まで全クラスが、4〜9月までの半年間、文化祭の演劇の練習をして役者になりきり、本職顔負けの演技をするということだ。他人の人生にどんどん入り込み、他人の経験や感情を体験することによって、相手の気持ちを理解する心が生まれていく。そして、相手の喜びが自分の喜びへと変わってくる。

　同様に音楽祭や体育祭にも全力で取り組む、このような総合的な人間教育によって、東京大学への入学や医学部合格だけを目指したエゴイスティックで偏った現在主流の教育から脱し、堂々と世界に羽ばたける人材が育ってきている。以上は、先程提示した「現代の力のパラドックス」を、50年後の若者たちが解く鍵となっていくかもしれない。

未来を創るのは、いつの時代でも若者だ。もしこれを読んでくれているあなたが、大学生や社会人の若者であるならば、私はとても歓迎する。体力や情熱という素晴らしい資産を持つあなたたち若者に不足している唯一の点は「経験」だ。現代の若者は、私たちの世代の若者時代と比較すると、チャレンジして失敗することを恐れる気持ちがあまりに強いように思われる。

　今日からこう考えてみてほしい。同じ失敗を二度繰り返すことだけが問題だと。失敗することを真剣に分析すれば、その失敗の本当の原因を外に探すのではなく、自らの中に発見し、世の中で唯一変えることが出来るのが自分の想いや行動だけだと気付くことができるはず。失敗から、自らの意識や行動の修正を試み、改善方針を具体化し、それを練習していくことだ。そうすれば、今後の失敗は、逆に自らを向上させるとても豊かな経験へと変わっていく。失敗をどんどんしなさい。それが若者の特権だから。勇気を持って素晴らしい未来を創るために。

　中国はかつて日本に、最高のプレゼントである「大乗仏教」をお茶の文化を共に伝えてくれた。お茶を共にするゆとりを持った、調和した豊かさと、持続可能性をまさに体現している日本の長寿企業化の本質は、この、大乗仏教的な「利他」の精神より生まれていることを再認識したい。

　大乗仏教の伝来以来の1500年の歴史をふまえ、「相手の喜びが自分の喜び」である利他的な安定した社会づくりと、「草木国土悉皆成仏」としての「人と森と生命の共生」による自然豊かな社会づくりこそが、真に目指すべき未来の豊かさである。

　シルクロードの果て、ここ日本に伝えられ、発展してきたこの想いを今、中国に贈りたい。そして日中の、心ある人々の想

第8章　歴史の大変動にも生き残った長寿企業の経験　165

いと行動により、関わる人々をすべてを幸せにするシルクロードづくりをしっかりと実現していきたい。

参考文献

徳仁親王『水運史から世界の水へ』NHK出版、2019年

野村進『千年、働いてきました——老舗企業大国ニッポン』 新潮文庫、2018年

佐々木閑『大乗仏教——ブッダの教えはどこへ向かうのか』 NHK出版新書、2019年

中西進、磯田道史『災害と生きる日本人』潮新書、2019年

平野久美子『牡丹社事件 マブイの行方——日本と台湾、それぞれの和解』集広舎、2019年

曽根秀一『老舗企業の存続メカニズム——宮大工企業のビジネスシステム』中央経済社、2019年

新井紀子『AI vs. 教科書が読めない子どもたち』東洋経済新報社、2018年

第9章　日本経済のサバイバルに向けて
──発想の転換が必要

叶　芳和（評論家・元拓殖大学教授）

1．客観的、等身大の自画像を描け──世界2位から転落

　1960 〜 70 年代、日本経済は世界の成長センターとして脚光を浴びていた。ドイツを追い抜き、世界第2位の経済大国になった。しかし、バブル崩壊後、90 年代の長期不況を経て、2000 年代に入ると独り低成長の国になり、世界第2位の経済大国から転落、その地位を中国に譲ることになった。

　図1は、日米中の GDP を比較したものである。日本が1〜2％の低成長で推移しているのに対し、中国は 10％前後の高成長が続き、2000 年代に入ると、あっという間に逆転し、今や中国の経済規模は日本の 4.5 倍も大きい（購買力平価 GDP）。中国は今や米国より大きな経済になった。米ドル表示で見ても、日本は中国と3倍近い格差がある（表1参照）。

　製造業部門を比較すると、日米中の格差はもっと大きい。表2に示すように、中国の製造業は 3.5 兆ドル、米国の 1.6 倍、日本の 3.6 倍も大きい（2017 年、付加価値額）。購買力平価換算で見ると、中国の製造業は米国の 3.6 倍、日本の 11 倍も大きい。2000 年当時は中国の製造業はまだ小さく、米国の4分の1だった。2010 年には日米を追い抜いたが、まだ3国が肩を並べていた。それが 2017 年には日本の 11 倍（ppp 換算）に

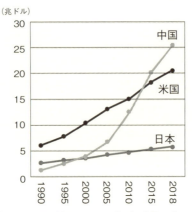

（出所）IMF, World Economic Outlook Database, Apr. 9, 2019
図1　日米中の GDP 比較（購買力平価換算）

表1　日米中の GDP 比較　（米ドル表示、10億ドル）

	米国	日本	中国
1990年	5,963	3,133	399
2000年	10,252	4,888	1,215
2010年	14,992	5,700	6,066
2015年	18,219	4,389	11,226
2018年	20,494	4,972	13,407

（出所）IMF, World Economic Outlook Database, Apr. 9, 2019

なったのである。中国は「世界の工場」と言われるが、その発展スピードに驚かされる。

　長期にわたりゼロ成長が続いた結果、日本は低賃金の国になった。2000〜2016年の16年間の時間あたり賃金の上昇率を比較すると、米国59％、英国57％、フランス55％、ドイツ48％の増加に対し、日本は16年間でわずか3％の上昇である。その結果、1時間当たり賃金（製造業）はドイツ3763円、

表 2 日米中の製造業比較 (単位：10 億ドル)

	2017 年		
	製造業付加価値	米ドル表示	ppp 換算
日本	110,033 （10 億円）	981	715
米国	2,180 （10 億ドル）	2,180	2,180
中国	28,000 （10 億元）	3,531	7,955
	2010 年		
	製造業付加価値	米ドル表示	ppp 換算
日本	104,239 （10 億円）	1,187	934
米国	1,797 （10 億ドル）	1,797	1,797
中国	16,072 （10 億元）	1,925	5,302
	2000 年		
	製造業付加価値	米ドル表示	ppp 換算
日本	118,815 （10 億円）	1,102	772
米国	1,550 （10 億ドル）	1,550	1,550
中国	4,003 （10 億元）	379	1,477

（出所）UN, National Accounts Main Aggregates Database.
（注 1）製造業の定義：ISIC 分類（D）。建設業や電気ガス等は含まれない。
（注 2）中国の 2000 年は鉱・製・電気等の 78% として推定（筆者）。
（注 3）購買力平価（ppp）換算は IMF, World Economic Outlook Database
のレートを使用。

表 3 先進各国の賃金比較（時間当たり賃金／製造業）

	2000	2016	増減率 (%)	円換算 2016	日本＝ 100
日本（円）	2,266	2,325	＋ 2.6	2,325	100
米国（ドル）	18.79	29.79	＋ 58.5	3,240	139
英国（ポンド）	11.47	17.98	＋ 56.8	2,641	114
ドイツ（ユーロ）	21.09	31.27	＋ 48.3	3,763	162
フランス（ユーロ）	16.66	25.74	＋ 54.5	3,098	133

（出所）「データブック国際労働統計 2018」第 5－1 表。

米国 3240 円、フランス 3098 円に対し、日本は 2325 円である（表 3 参照）。日本は先進国の中で一番、賃金が安い。

賃金上昇と技術革新

　低賃金は技術革新を弛緩させる。機械化、ロボット化など、資本と労働の代替を促すのは賃金上昇である。ところが、日本は今、賃金が安いため、この資本・労働代替のメカニズムが抑制されている。例えば、酪農業界では搾乳ロボットが普及し始めているものの、賃金の高いオランダ、デンマークでは搾乳ロボットの普及率は 4 割に達しているが、外国人実習生の最低賃金に依存する日本では普及率は 3 ％に過ぎない。日本は、ロボットも働きたがらない低賃金の国になっている。

　機械化、ロボット化の技術革新があったほうが生産性が上昇し、賃金引き上げも可能になる。それがない。賃金が安いので機械化が進まず、その結果、生産性の上昇がなく、賃上げもできない。つまり、日本は悪循環が起きている。賃金上昇で機械化が進んだほうが賃金支払いの原資が生まれて、賃金を引き上げやすい。賃金引上げ、ロボット化、生産性上昇、賃金引上げと、発想の転換が必要なのではないか。

　賃金が上がれば、「低出生率」「少子化」も怖くない。生産性が上昇するからだ。賃金が上昇し、生産性上昇が実現すれば、外国人労働者を大量に導入する必要もなくなる。

　このように、日本は遅れが見られるが、最先端分野でも危険な兆候がある。「覇権の興亡」を規定する要素の中で技術力は最重要であるが、通信や人工知能（AI）分野で、中国の技術開発力が米国を追い上げている。例えば、次世代通信技術

「5G」では中国が世界のトップになっている。ところが、米国は中国ファーウェイ社の「5G」を排除しようとしている。同盟国に迫って、ファーウェイの5Gを使わないように要請している。EUはファーウェイを排除しないと決めたが、日本政府は米への配慮からファーウェイを排除する方針である。

5Gの通信速度は4Gの100倍といわれる。5Gの特徴は超高速、超低遅延、多数同時接続が挙げられる。データ通信が超高速になることで、データ量が飛躍的に増加し、画像であればより鮮明な画像になり、動画も遅滞なく配信される。超低遅延により遠隔治療、手術がより安全になる。自動車のAIによる自動運転には5Gが必須と言われている。

5Gは通信の基幹技術の革命的な進歩であり、今後はこれをベースに社会やビジネスの基盤技術が開発されることになる。この基幹技術に後れを取ると、将来の新技術開発で後れを取ることを意味する。ファーウェイは5G技術で最も進んでいるとみられるので、ファーウェイの5Gを排除するということになれば、日本経済はガラパゴス化のリスクを負うことになる。

日本経済のサバイバルには、まず、正しく認識しなければならない。客観的に、等身大の自画像を描くことが前進の出発点であろう。2、3年前までの大合唱「中国崩壊論」は日本の国益を大きく毀損したのではないか。中国はやがて潰れる等の議論の横行が、日本の「油断」を招いた。世界認識の転換、発想の転換が必要だ。特に、いま世界秩序の攪乱ファクターである中国についての認識を正すことが必要と思われる。

2．Easternization ──世界のイノベーションセンターのシフト

2019 年に入って、トヨタ自動車、日立製作所、京セラなど、日本の大手各社が中国のスタートアップ企業と相次ぎ連携している。トヨタは深圳の IoT 機器開発の支援会社、インダンと提携した。インダンは深圳のサプライチェーンの中に 1 万 5000 社の取引先を持っているので、インダンの取引先からインターネットにつながる車載用の IoT 機器を共同開発できる企業を探すのが目的である。日立は上海で、フィンテックの開発チームを公募する。京セラはスタートアップと共同で、深圳に電子部品の用途開発の拠点を開く（「日本経済新聞」2019 年 4 月 15 日）。

トヨタの視点の先にはファーウェイがあるのではないか。トヨタにとっては「自動運転」の開発が最大の課題であるが、自動運転に欠かせないのは次世代高速通信規格「5G」であり、その 5G で世界最先端を行く研究開発型企業こそファーウェイだからだ。

日本勢だけではなく、英エアバス（深圳に旅客機客室映像機器の開発拠点）、米インテル（深圳でインダン社と組みロボットメーカー育成）、独 BMW（車載用音響機器開発）など、欧米勢も同様の動きがある。世界の大手が中国発の技術を成長に生かす流れが広がり、技術革新の軸がこれまでの先進国からアジアに移りつつある。

世界のイノベーションセンターは中国に移ってきている。研究開発に必要な資金の面からみても、それは言える。データは古いが、ベンチャー企業の資金調達を比較すると（2015 年）、中国におけるベンチャー投資額は 10 兆円規模に達し、米国と

肩を並べている。これに対し、日本は2000億円レベルである。極端に少なく比較の対象ではない。（「JBpress」2017年7月21日付け記事）。

世界のベンチャー企業への投資額は2017年に前年比49％増の1644億ドル（約18兆円）になったが、北米地域の伸びは17％にとどまり、中国などアジア地域が2.2倍に急増した。シリコンバレーのベンチャー企業への投資が一服するなかで、中国企業への投資が際立った（米CBI InsightsとPwC共同調査による。日経新聞電子版2018年1月16日付け）。このように、シリコンバレーから中国・深圳へ、世界のイノベーションセンターのシフトが見られる。

この背景には、中国自体の研究開発投資の活発さがある。中国の研究開発投資はGDPの2.11％、1兆5677億元（25.9兆円）に達した（2016年）。2020年にはGDP比2.5％に引き上げることを国家目標としている。その場合、20年には2兆4000億元（約40兆円、筆者推計）になる。日本の研究開発投資はGDP比3.42％、18兆円（2015年）である。中国の研究開発努力の大きさが分かろう。

中国のベンチャー投資を都市別にみると（2015年）、1位は北京431億元（全国の33％）、2位上海258億元（20％）、3位深圳132億元（10％）である。また、人工知能企業の立地を見ると、1位北京368社、2位広東省185社、3位上海131社である（「中国ベンチャービジネスの動向」NEDO北京事務所2019年3月）。

先に、日本企業の開発センターの中国シフトを指摘した際、深圳へのシフトを強調したが、実は中国では深圳より北京のほ

うが研究開発機能の蓄積が大きいのである。北京大学、清華大学などリソースが大きいことが背景だ。大学が直接創業支援を行っている。

経済力にせよ（GDP 等）、技術開発力にせよ、従来の遅れた中国論ではなく、先端化した姿を認識し、中国論を革新する必要があろう。

もちろん、中国のこうした発展には前提がある。世界の平和と自由貿易の存在だ。戦争相手国とは「貿易」は発生できない。"平和"が貿易の大前提だ。平和と自由貿易があったからこそ、中国は「世界の工場」として発展できた。また、逆に、貿易（相互依存）が国際平和を創り出す。相互依存が高まり、お互いが相手を必要とする限り、戦争は起きない。貿易（相互依存）は戦争の抑止力になる。中国が今後も持続的に発展を続けるためには、世界の平和が必要である[1]。

3．中国の大変貌[2]

中国を訪問すると（2017 年北京訪問）、日本は世界の軌道から外れているのではないかと心配になってくる。「日本の位置」に関して考えさせられることが多かった。

外資系企業に対する人材派遣企業である FESCO（北京外企服務有限公司）を訪問した。中国では以前、外国企業は必ず FESCO を通じて現地人を雇用していた。外資企業の賃金はど

1　拙稿「平和と貿易の関係」石橋湛山記念財団発行『自由思想』第 135 号（2014 年 11 月）参照。

2　この第 3 節の初出は拙稿「中国の大変貌」（「山形新聞」2017 年 6 月 6 日付け「直言」欄）である。

の位ですかと質問した。「課長クラスで、欧米企業は 3 ～ 4 万元（約 45 ～ 60 万円）、日系企業は 1 万元（約 15 万円）です」とのこと。欧米系企業の賃金は日系企業の 3 ～ 4 倍も高い。

　新卒のワーカーは日系企業 5000 元、欧米系企業 8 ～ 9000 元とのこと。欧米系企業のほうが約 2 倍高い。ちなみに、中国国内企業は一般 4000 元、IT 関係は 8000 元とのこと。日系企業の賃金は中国のローカル企業より低い可能性もある。

　日本の企業は、安く雇えていると喜ぶべきであろうか。それとも、良い人材は欧米に取られていて、日本は人材獲得競争に敗れているというべきであろうか。筆者は、日本の地位の低さに愕然とした思いであった。

　中国の産業技術の向上を感じた。北京訪問中、中国の国産旅客機 C919 が初の試験飛行を実施し、成功した。C919 は中型旅客機で、米ボーイング 737 や欧州エアバス A320 の競合機種である。既に 570 機の受注があり、半分は米国をはじめとした海外に輸出される予定である。ただし、まだ欧米の型式証明は取れていない。なお、小型旅客機（90 席）はすでに実用化され、国内線で商業運用されていた（2016 年）。

　これに対し、日本の国産旅客機は、三菱航空機㈱が国産初のジェット旅客機 MRJ（70 ～ 90 座席の小型機）を開発中だが、欧米の型式証明が取れず設計変更が相次ぎ、初号機の納入が遅れている。初号機は当初の 13 年から 5 回も延期されている。

　日本の国産機開発は難航。一方、中国の小型機は既に商業運転を開始、さらに中型機でも試験飛行に成功した。摺り合わせ技術から組み合わせ型へという、世界の航空機製造のモジュール型イノベーションが中国を有利にしている。日本は技術革新

第 9 章　日本経済のサバイバルに向けて　175

に乗り遅れている。

　旅客機の部品点数は約100万点と言われる。部品点数の多さは、裾野産業の広さを意味する。また、航空機の部品は自動車以上に、安全・精密が要求される。中国で旅客機が量産されていけば、広大な分野で製造技術の高度化が進む。C919の成功は、中国の製造業の高度化を引き起こすであろう。

　注目したいのは、担い手だ。旅客機C919の開発を担ったのは2008年設立の若い企業だ。構造設計担当エンジニアは33歳、全従業員9600人の75%は1980年代以降生まれである。「80后（バーリンフォー）」世代だ。中国の新人類といわれる80年代生まれが中国航空機産業を担っている。

「80后」世代は、大学の教育の質が劇的に良くなったといわれる。また、社会に出るのは2000年代になってからであり、中国の高度経済成長期だ。日本でも、高度成長期、工場建設に従事することが技術者を育てたといわれるが、中国も同じだ。中国はこの「80后」世代が2億人もいる。人材の層は厚い。

　もう一つ重要なことは、「坂の上の雲」を目指して育ったことから来る精神構造だ。日本人は明治維新から1980年代の高度成長期まで100年余、「坂の上の雲」（司馬遼太郎）を目指してきた。そういう時代の雰囲気の中で、進取の精神、気宇壮大な人材も生まれた。しかし、バブル崩壊後のゼロ成長時代に育った世代は、同じ日本人であってもかなり違うようだ。これに対し、中国は、「坂の上の雲」を目指す社会で育った「80后」が社会の中核を担いつつある。

　中国は賃金上昇が激しい。それを背景に、ロボット化も進行中だ。ロボット化に伴い、製品の品質も向上する。高い賃金

と低技術の組み合わせは、この世にない。「安かろう、悪かろう」が従来の中国製品であったが、いま、そこからの脱却が始まっている。

　知人から初めて中国へ出張するとメールが来た。「間違っても、街で手を挙げてタクシーを拾おうなんて思わないでよ」と言うと、「どのような問題が？　一応、中国語は4年間勉強しましたが」と返信が来た。中国では、タクシーはスマートフォンのアプリを使って呼ぶのが普通であり、街で手を挙げても捕まらない。日本では、国交省は今年度にスマホアプリを使ったタクシー相乗り実験をやるといっている。日本は制度が劣化しているのではないか。中国の方がネット先進国になっている。

　日本は、GDPが数倍も大きくなった巨大経済の国、技術的にも高度化していく国が、自国の隣に誕生していくことを考える必要がある。日本の政治、経済、外交の進路を考える際の不可欠な視点であろう。それがなければ、日本は世界の中で落ちこぼれていく。中国に対する見方は転換が必要なのではないか。

4．ペティ法則型の日中貿易[3]

　日本は中国の経済発展に適応できないビジネスモデルになっている。欧米各国は中国向け輸出が伸びているのに、独り日本だけ沈んでいる。何故であろうか。以下は数年前の状況であるが、問題の本質は変わらないので再論する。

3　この第4節の初出は拙稿「日本の対中国ビジネスモデルの問題点——ペティ法則的日中貿易」（「Webみんかぶ」（ニュース／記事コラム）2015年12月18日付 http://money.minkabu.jp/53483）である。

表4　中国経済の推移

	2005	2010	2011	2012	2013	2014	2015
GDP 成長率(%)	11.3	10.6	9.5	7.7	7.7	7.3	6.8
GDP（10億ドル）	2,269	6,040	7,493	8,462	9,491	10,357	11,385
輸入額(10億ドル)	660	1,394	1,741	1,817	1,949	1,963	…
輸入比率（%）	29.1	23.1	23.2	21.5	20.5	19.0	…

（出所）IMF, World Economic Outlook Database, Oct. 06, 2015.
　　　輸入額は World Trade Atlas.

表5　中国の輸入総額に占める各国のシェアの推移

（単位：億ドル、%）

	日本	米国	EU28	世界
2005	1,005	487	634	6,602
2010	1,763	1,013	1,494	13,939
2011	1,944	1,181	1,890	17,414
2012	1,777	1,278	1,846	18,173
2013	1,622	1,459	1,958	19,493
2014	1,627	1,531	2,173	19,631
2014/2005	161.9	314.4	342.7	297.3
構成比（%）				
2005	15.2	7.4	9.6	100.0
2010	12.7	7.3	10.7	100.0
2011	11.2	6.8	10.9	100.0
2012	9.8	7.0	10.2	100.0
2013	8.3	7.5	10.0	100.0
2014	8.3	7.8	11.1	100.0

（出所）World Trade Atlas.
（注）EU28 は中国向け輸出額（f.o.b）

独り日本だけ輸出が伸びない

　中国経済は減速しているが、市場規模は依然、巨大である。各国が中国との相互依存関係を発展させながら経済成長を図っている状況に変わりはない。

　表4は、中国のGDP、輸入規模の推移である。中国経済は2012年から7％台に減速しているが、輸入は2014年まで増加基調にある。2015年は素材産業の減産に加え、石油や鉄鉱石など資源価格の下落で輸入総額は減少している（注、原油の国際価格〈ドバイ原油〉は2014年1月104ドル／バレルから2015年11月42ドルへ、鉄鉱石価格は同期間128ドル／トンから46ドルへ）。

　表5は、中国向けの輸出および中国市場における各国のシェアを示したものである。日本の中国向け輸出額は2011年の1944億ドルをピークに、12年1777億ドル、13年1622億ドル、14年1627億ドルと減少（注、中国の国別輸入値）。これに対し、米国は1181億ドルから1531億ドルに増加、EUも1890億ドルから2173億ドルに増加している。つまり、独り日本だけ、中国向け輸出が減少している。中国市場で日本だけ独り沈んでいる。

　日本のシェアは2005年15.2％から2014年8.3％に低下した。これに対し、米国は7.4％から7.8％とシェアを維持、わずかに上昇している、EU28カ国も9.6％から11.1％に上昇した。なお、

表6 対中国貿易の現地生産による輸出代替

	現地生産 (10億円)	日本から輸出 (10億円)	合計 (10億円)	同左 (億ドル)	中国輸入総計 (億ドル)
2005	12,286	8,837	21,123	1,916	6,600
2010	18,540	13,086	31,626	3,603	13,963
2014	29,304	13,382	42,685	4,029	19,592
2015	30,447	13,223	43,670	3,608	16,796
2016	27,419	12,361	39,780	3,657	15,879
2017		14,890			18,438
2018		15,902			21,356

(出所) 現地生産は経産省「海外事業活動基本調査」。
日本からの輸出は財務省「貿易統計」(暦年)。
中国輸入総計は国家統計局「中国統計年鑑」(暦年)。
(注) 日本の輸出が近年伸びているのは円安に伴う効果が大きい。
中国の輸入が2015〜16年減少しているのは、素材産業減産のほか資
源価格の世界的暴落の影響も大きい。

日本のシェアはその後7％前後で推移している(2018年6.7％)[4]。

　念のため言うと、日本の対中輸出が伸びないのは現地生産が
進んだからではない。一因ではあるが、それだけでは説明でき
ない。直接投資(現地生産)は輸出に代替するものであるが、
それを勘案しても日本のシェア低下は観察される。表6に示す
ように、日系企業の中国現地生産と日本からの輸出を加えた合
計で見ても、日本のシェアは2005年の29％から、2014年は

4　日本のシェアは1995年22.0％、2000年18.5％と高かった。これは日本
がアジア地域において独占的地位をもっていた時代の所産であろう。その後、
アジア諸国の工業化、欧米諸国のアジア参入を反映して、日本のシェアは低
下していく。これは自然の流れであろう。しかし、その後も、低下トレンド
が支配し、韓国に追い越され、米国にキャッチアップされている事実は、中
国市場における日本の競争力後退を意味しよう。

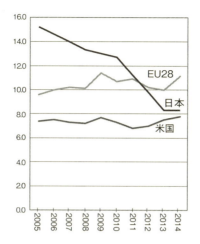

図2　中国輸入総額に占める各国のシェア
　　──ペティ法則1次産業型の日中貿易
（資料）World Trade Atlas.

21％に低下した。

　中国における日本のシェア低下は、二つの理由が考えられる。一つは「日中冷戦」の影響で、「政冷経冷」になっているのではないか。もう一つは、日本の輸出は中国の経済発展に対応できないビジネスモデルになっているのではないか。

中国の経済発展に対応できないビジネスモデル
　図2は、中国輸入市場に占める各国のシェアの推移を示したものである。図2を見て、何か思い出さないであろうか。筆者はすぐに、ペティ＝コーリン・クラークの法則を思い出した。経済発展に伴い、第1次産業のシェアは低下、第2次、第3次産業のシェアは上昇する。時系列分析でも、クロスセクション分析でも摘出できる強烈な法則である。このグラフを一度見た

人は、この法則を忘れることはないであろう。

日本の対中輸出貿易は、ペティ＝コーリン・クラーク法則における1次産業のような型をしている。中国の経済発展に伴い、日本のシェアは大きく低下している。中国市場における"ペティ法則1次産業型日中貿易"である[5]。

図2に見たように、中国輸入市場に占める各国のシェアは、欧米諸国は上昇、逆に日本は大きく低下した。この間、中国経済は発展を続けている訳だから、日本の輸出貿易は中国の経済発展に対応できなかったことを意味する。

中国経済は構造変化期にあり、産業構造が大きく変化している。一番大きな変化は、経済発展に伴う労働市場の変化であろう。賃金が大幅に上昇し、労働集約的産業から技術集約型へ、さらにサービス経済への転換が進んでいる。労働集約型製造業は東南アジア諸国にシフトが始まっている。

チャイナプラス・ワンの動きに示されるように、中国に直接投資で進出した日系企業の一部にも、ASEANシフトが起きた。恐らく、この動きが部品や原材料の中国向け輸出に影響が出たのであろう。

5　クズネッツ逆U字型曲線というのがある。S.クズネッツ（1971年ノーベル経済学賞）は所得の不平等に関する研究で、経済発展と所得の不平等の関係は逆U字型曲線を描くことを発見した。世界銀行は環境問題を分析するに当たり、環境負荷は経済発展に伴い増加するが、あるところまで行くと環境負荷は減少に転じることを見い出し、その関係が逆U字型であることから、「環境クズネッツ曲線」と名付けた（1992年）。われわれはこれに習って、沈みゆく日中貿易パターンを「ペティ法則型日中貿易パターン」と呼ぶことにしたい。これは問題提起である。

しかし、欧米諸国は、中国の賃金上昇、産業構造の変化にもかかわらず、引き続き中国向け輸出が伸びている。ということは、欧米諸国の対中貿易は中国の経済発展にうまく対応できたが、日本の対中貿易は対応できていないということではないか。低賃金活用だけのビジネスであれば、中国の経済発展に適応できない。賃金上昇は当然のことだから。

　日本は高度な産業技術を持っている。中国の産業構造の高度化に対応できないことはないであろう。ビジネスモデルに問題があるのではないか。欧米諸国の対中ビジネスモデルは研究に値する課題だ。

　ただ、中国に比べ、先端分野でのイノベーションに立ち遅れ感もある。競争原理と一層のR&D努力が必要だ。「自由」こそがイノベーションの一番の源泉である（注、中国のほうが規制が少ないLaissez-faire）。斬新な発想を生む、言論の自由、思想の自由のある社会こそ、イノベーションの波を引き起こす。長期停滞からの脱出口をそこに求めたい。

　中国は世界最大の市場である。日中貿易も、中国の経済発展、産業構造の高度化に適応できるものに進化し、「ペティ法則第1次産業型」から脱却することが期待される。

第9章　日本経済のサバイバルに向けて　　183

第 10 章　未来からの問いかけ

朱　建榮（東洋学園大学教授）

本書に関する説明

　本書は、『世界のパワーシフトとアジア──新しい選択が迫られる日本外交』（花伝社、2017 年 12 月）に続き、ワンアジア財団の支援を受けて東洋学園大学で実施された連続講座のうち、世界経済、中国経済、「一帯一路」、日本経済の分野を中心内容とする講師各位の講義録に大幅に加筆して編集したもので、論集シリーズの 2 冊目に当たる。

　本書の各章は各講師、執筆者が大変忙しい中で協力してくださったおかげで原稿を揃えることができた。謝意を表するとともに、筆者が自分なりに本書出版の意義について考えているのは次のようなことである。

　第 1 に、前冊は政治と外交分野の内容を中心とするのに対し、本巻は経済分野を中心にまとめた。アジアの現状と未来を見るうえで複合的な視点を提供したい。

　第 2 に、米中間の経済貿易摩擦がここ数年、予想以上のペースで激化し、「新冷戦時代の到来」とも言われる中、それに象徴されるように、地域と国を問わず、ないし第二次世界大戦後の数十年にわたって築き上げられた経済貿易の秩序、ルールおよびグローバルのサプライチェーンが挑戦を受けている。この

「地殻変動」を取り上げる価値が十分に見受けられる。

第3に、中国が2013年から「一帯一路」構想を打ち出したが、これも近年予想以上の進展を見せ、旧来の世界経済の勢力図に構造的な変動をもたらしている。賛否両論が沸き起こること自体、注目されているという証明だ。私が「一帯一路」4年目に主催した連続講座の全体的題名も「アジア共同体への新しいアプローチ——『一帯一路』構想はアジアに何をもたらすか」を使った。「一帯一路」構想関連の内容は、本書に複数収録している。

第4に、一段と混迷の度合いを深める内外の環境変化に対し、日本の中では戸惑いが漂い、喧々諤々の議論が現れているが、特にどのような影響を受け、どのように応対すればよいか、見解と意見の集約はまだ見られない。各講師はそれぞれの担当部分に、日本に関する分析、展望、提言について示唆に富む智慧を書き入れた。これも当然、より多くの方に読んでいただきたいものである。

そして、読者たちは真剣に本書を最初からこの章まで読んでくだされば、おそらく、「語り尽くされた」と感じるかもしれない。さて、本書の編集者としてこの終章では何を語るか、自分にとって難題を突き付けられたような気がする。

内容の重複は読者の時間を無駄にするもので、いちばん避けたい。そのため、考えた末、この最終章では「未来からの問いかけ」という視角を提起しようと思いついた。すなわち、未来への趨勢を展望・確認したうえで振り返って今日の世界を改めて捉え直し、今日の課題を新しい視角から考えることだ。

『ホモ・デウス』との出会い

科学技術は特にこの 20 年の間、かつての延長ではない「異変」的な急進展を見せている。飛行機の離陸のプロセスに例えて言えば、これまでは全人類を乗せたこのジャンボ飛行機は滑走路でエンジンを全開し、スピードを上げてきた。地面を滑走する段階では、我々も常に「前より加速している」を実感するが、ある瞬間、飛行機がテイクオフすなわち離陸する。これも当然、地面での加速の延長に実現したものだが、ある臨界点を超えて、離陸してからの速度は「滑走」から「飛翔」へと質的な変化を遂げる。ある意味では、今日の科学技術の発展もこのような臨界点を過ぎた段階を迎えたといえる。

ホモサピエンス号ジャンボ飛行機が史上初めて地面から離陸し、大空に飛び立つが、それは何を意味するか、実は人類の99% 以上は理解していない。幸い、アインシュタイン、ホーキング博士のような優れた知者が宇宙や人類社会の未来を大胆かつ的確に予測・予言し、そして多くの科学者たちの努力によって、少なくとも今後 30 年、50 年に及ぶ科学技術の未来が見え始めてきた。

SF 小説を少年時代から愛読し、今も SF 映画のファンである筆者は、多くの未来学者の本を読んで、その心得を本章に何らかの形で示せるかと考えた。人類の未来を垣間見ることが可能になった今日、科学技術のメガトレンド（大趨勢）を確認した上で、今日の世界、アジアそして日本はどのような立ち位置にあり、これからどこに向かうか、その過程で少しでも有利なポジションに立つために何をどうすればいいのか——これを考えることに意義があるのではないか、あるいは考えなくてはな

らないという必要性に迫られていると思った。

2017年ごろ、あるイスラエル人学者が書いた本の中国語版に出会った。この出会いは本章執筆のきっかけを作ったと言える。

ユヴァル・ノア・ハラリ（Yuval Noah Harari）氏は、イスラエルのヘブライ大学歴史学部の教授である。2011年、話題作『Sapiens: A Brief History of Humankind』の元となるヘブライ語版を上梓し、それが全世界各国に翻訳され、

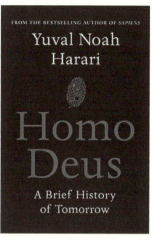

図1　話題作『ホモ・デウス』英語版の表紙（Harvil Secker, 2016）

日本でも『サピエンス全史――文明の構造と人類の幸福』（柴田裕之訳、上下巻、河出書房新社、2016年）という書名で出版された。続いて2015年、ハラリ教授はその続編、『Homo Deus: A Brief History of Tomorrow』を出版した（図1）。既に40以上の言語に翻訳・出版され、中国語版は『未来簡史：从智人到神人』という書名で2017年2月、中信出版集団より出版された。

日本はかつて、外国の話題作の翻訳に関してすべて中国よりワンテンポ、ツーテンポ早かったが、この十数年間、出遅れているようだ。同書も2018年9月、中国より1年半遅れて、『ホモ・デウス――テクノロジーとサピエンスの未来』との書名で上下2冊が河出書房新社より翻訳、出版された（柴田裕之訳）。

「データ至上主義」の観点

　世界の歴史における多くの知的活動はユダヤ人によってまず手掛けられたといわれるが、ハラリ教授がこの本の出版をもって全世界に、これまでの全世界の政治と経済活動に関して真新しい視点で解釈を試み、その上で人類の未来を展望し、さらに振り返って我々の今日の政治と経済、社会ないし個人のあり方を問い直し、「発想の大転換」を求めた。自分はこの本の中国語版と日本語版を合わせて読んだが、ハラリ教授の見方を紹介しながら世界、アジア、日本の今日的課題へのインプリケーション（含義）を考えたい。

　特に『ホモ・デウス』の第11章「The Data Religion」（日本語版では直訳で「データ教」となっているが、文中に頻繁に出るもう一つの表現「データ至上主義」と訳したい）の中で著者は、21世紀に入って始まっており、これから20年代に向けて加速していく最も重要なトレンドの一つである「ビッグデータ」による未来の世界に与える意義について、次のように指摘した。

　　「18世紀には、人間至上主義が世界観を神中心から人間中心に変えることで、神を主役から外した。 21世紀にはデータ至上主義が世界観を人間中心からデータ中心に変えることで、人間を主役から外すかもしれない。」（柴田訳『ホモ・デウス』（以下同）下巻、p.236）

　この論断は一見、我々の「常識」とかなりかけ離れているように感じられるが、そうではない。その関連性を理解するため

に、ある読者がネットで書いた読書の感想を以下のように引用したい。

「本書は言う。

ファラオはエジプトを3000年統治した。ローマ法皇はヨーロッパを1000年支配した。もしラムセス2世の時代のエジプト民に『ファラオはいずれいなくなるよ』と言ったら『ファラオなしでどうやって秩序と平和と正義を保つのだ』と怒り出すだろう。もし中世ヨーロッパの人に『神はいずれ消えるよ』と言ったら『神がいなくて誰が人生の混沌に意味を与えるのだ』と怖れるだろう。でもファラオは滅び、神は死に、彼らが不在でも人類はポジティブに発展している。

およそ300年前に誕生した民主主義や近代的なヒューマニズムが、別の仕組みに置き換えられない保証はない。

神を解体して生まれた人間主義が、今度はデータ主義に解体される。」(http://kaseinoji.hatenablog.com/entry/harari-homo-deus)

第4次産業革命とは

「データ至上主義」のインプリケーションをより深く考える前に、ビッグデータを含む「第4次産業革命」の全容について説明しておきたい。

日本政府内閣府が2017年1月17日に発表した『日本経済2016-2017——好循環の拡大に向けた展望』と題する白書は、第2章「新たな産業変化への対応」の第1節「第4次産業革命のインパクト」の部分で、これについて簡潔で要領の良い説明

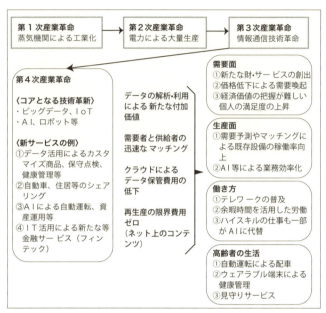

図2　第4次産業革命の概念図（内閣府白書より引用）

をしているので、それを引用しながら解説したい。

　第4次産業革命とは、18世紀末以降の水力や蒸気機関による工場の機械化である第1次産業革命、20世紀初頭の分業に基づく電力を用いた大量生産である第2次産業革命、1970年代初頭からの電子工学や情報技術を用いた一層のオートメーション化である第3次産業革命に続く、次のようないくつかのコアとなる技術革新を指す（図2）。

　一つ目はIoT及びビッグデータである。工場の機械の稼働状況から、交通、気象、個人の健康状況まで様々な情報がデータ化され、それらをネットワークでつなげてまとめ、これを解

析・利用することで、新たな付加価値が生まれている。

　二つ目はAIである。人間がコンピューターに対してあらかじめ分析上注目すべき要素をすべて与えなくとも、コンピューター自らが学習し、一定の判断を行うことが可能となっている。加えて、従来のロボット技術も、更に複雑な作業が可能となっているほか、3Dプリンターの発展により、省スペースで複雑な工作物の製造も可能となっている。

　こうした技術革新により、①大量生産・画一的サービス提供から個々にカスタマイズされた生産・サービスの提供、②既に存在している資源・資産の効率的な活用、③AIやロボットによる、従来人間によって行われていた労働の補助・代替などが可能となる。企業などの生産者側からみれば、これまでの財・サービスの生産・提供のあり方が大きく変化し、生産の効率性が飛躍的に向上する可能性があるほか、消費者側からみれば、既存の財・サービスを今までよりも低価格で好きな時に適量購入できるだけでなく、潜在的に欲していた新しい財・サービスをも享受できることが期待される[1]。

　ヨーロッパの専門家も、第4次産業革命のインパクトについて次のように指摘している。

　第4次産業革命は不可避的に現在の雇用構造に変化をもたらす。専門家の予測では、今後の10年間、現有の職種は3分の1しか残らず、ほかの3分の2の職種は新たに形成されるか、現在の職種からバリエーションが生まれる。

　構造的変化はまた、巨大な経済的不平等をもたらす。地政学

1　https://www5.cao.go.jp/keizai3/2016/0117nk/n16_2_1.html

的な政治構造と安全保障にも深遠な影響を与える。これまで当たり前で常識と思われてきた倫理道徳のレッドラインも揺るがされることになる、と[2]。

世界が「データ」に呑み込まれる時代

第4次産業革命の中核的技術の一つがビッグデータである。ハラリ教授が指摘したデータ至上主義という「未来からの問いかけ」に基づいて、我々が当たり前としてきた今日の世界に大革命の波が押し寄せているその説に耳を傾ける必要がある。

彼の論理は単純明快である。データ処理の角度から見れば、人類社会の発展はもともとデータ処理のプロセスそのものであり、21世紀の今日、人類はもはや自分の力で大爆発するデータの量を処理しきれなくなったから「データ至上主義」が現れた。

「データ至上主義では、森羅万象がデータの流れからできており、どんな現象もものの価値もデータ処理にどれほど寄与するかで決まるとされている。これは突飛で傍流の考え方だという印象を受けるかもしれないが、じつは科学界の主流をすでにおおむね席巻している。」（下巻、p.209）

この視点を今日までの世界に当てはめると、不倶戴天の仇とされている資本主義と共産主義の争いに関してもユニークな解

2　2019年5月25日付中国『参考消息』紙に掲載されたスペイン科学者の見解。

釈ができる。

「（データ至上主義）この見方によれば、自由市場資本主義
と国家統制下にある共産主義は、競合するイデオロギーでも
倫理上の教義でも政治制度でもないことになる。本質的には、
競合するデータ処理システムなのだ。資本主義が分散処理を
利用するのに対して、共産主義は集中処理に依存する。資本
主義は、すべての生産者と消費者を直接結びつけ、彼らに自
由に情報を交換させたり、各自に決定を下させたりすること
でデータを処理する。（中略）中央の単一の処理者が全ての
データを処理し、あらゆる決定を下す、この極端な状況を共
産主義と呼ぶ。（中略）

　資本主義が共産主義を打ち負かしたのは、資本主義のほう
が倫理的だったからでも、個人の自由が神聖だからでも、神
が無信仰の共産主義者に腹を立てたからでもない。そうでは
なくて、資本主義が冷戦に勝ったのは、少なくともテクノロ
ジーが加速度的に変化する時代には、分散型データ処理が集
中型データ処理よりもうまくいくからだ。共産党の中央委員
会は、20世紀後期の急速に変化を遂げる世界にどうしても
対処できなかったのだ。」（下巻、p.211）

さらに広げていくと、民主主義と独裁についてもデータ処理
の角度から著者は新しい解釈を加えた。

「政治学者たちも、人間の政治制度をしだいにデータ処理シ
ステムとして解釈するようになってきている。資本主義や共

第10章　未来からの問いかけ　193

産主義と同じで、民主主義と独裁性も本質的には、競合する情報収集・分析メカニズムだ。独裁制は集中処理の方法を使い、一方、民主主義は分散処理を好む。過去数十年のうちに、民主主義が優位に立った。20世紀後期に特有の状況の下では、分散処理のほうがうまく機能したからだ。」（下巻、p.216）

だが、21世紀に入って、筆者は全人類を乗せたジャンボ飛行機が離陸したと譬（たと）えてきた一方で、ハラリ教授は、科学技術、特に膨大なデータ情報が溢れ出す時代に突入しており、もはやこれまでの「常識」では対応できなくなり、いや、そうしてはならないと喝破した。

「これは、21世紀に再びデータ処理の条件が変化するにつれ、民主主義が衰退し、消滅さえするかもしれないことを意味している。データの量と速度が増すとともに、選挙や政党や議会のような従来の制度は廃れるかもしれない。それらが非倫理的だからではなく、データを効率的に処理できないからだ。」（下巻、p.216）

「データ至上主義は、人間の経験をデータのパターンと同等と見なすことによって、私たちの権利や意味の主要な源泉を切り崩し、18世紀以来見られなかったような、途方もない規模の宗教革命の到来を告げる。ロックやヒュームやヴォルテールの時代に、人間至上主義者は『神は人間の想像力の産物だ』と主張した。今度はデータ至上主義が人間至上主義者に向かって同じようなことを言う。『そうです。神は人間の想像力の産物ですが、人間の想像力そのものは、生科学的な

アルゴリズムの産物に過ぎません』。」（下巻、p.236）

「今やテクノロジーは急速に進歩しており、議会も独裁者もとうてい処理が追いつかないデータに圧倒されている。まさにそのために、今日の政治家は一世紀前の先人よりもはるかに小さなスケールで物事を考えている。結果として、21世紀初頭の政治は壮大なビジョンを失っている。政府は単なる管理者になった。国を管理するが、もう導きはしない。政府は、教師の給与が遅れずに支払われ、下水道があふれないことを請け負うが、20年後に国がどうなるかは見当もつかない。」（下巻、p.219）

我々の地平を広げよう

では人間社会はこれから完全にプライバシーをなくし、データの世界に操られるか。人情味のない世界の未来を想像すると、オーウェルの名著『1984年』に書かれるような完全な管理社会が連想され、ぞっとする。しかしそのような可能性を警告しながら、ハラリ教授は楽天派の表情も見せている。

「権力の空白状態はめったに長続きしない。21世紀に、旧来の政治の構造がデータを速く処理しきれなくて、もう有意義なビジョンを生み出せないのならば、新しくてもっと効率的な構造が発達してそれに取って代わるだろう。そのような新しい構造は、民主主義でも独裁制でもなく、以前の政治制度とは全く異なるかもしれない。唯一の疑問は、そのような構造を構築して制御するのは誰か、だ。もはや人類がその任務を果たせないのなら、ひょっとすると誰か別の者に試させ

ることになるかもしれない。」（下巻、p.219）

　重要なのは、我々の心構えだ。逃げる、見て見ないふりをするのではない。未来の趨勢をきちんと見極めたうえで積極的に対応することこそ求められている。新しい科学技術革命によって21世紀の世界は抜本的な変化が訪れている。ならば、我々は旧来の、当たり前としてきた発想、論理を突破して、世界を捉えなおし、その上で人類社会のあり方、その未来像を考えることに取り組むことだ。ハラリ教授も本の最後に次のような問題提起をして締めくくった。

　「とはいえ、新たな形で考えて行動するのは容易ではない。なぜなら私たちの思考や行動はたいてい、今日のイデオロギーや社会制度の制約を受けているからだ。本書では、その制約を緩め、私たちが行動を変え、人類の未来についてはるかに想像力に富んだ考え方ができるようになるために、今日私たちが受けている条件付きの源泉をたどってきた。単一の明確な筋書きを予測して私たちの視野を狭めるのではなく、地平を広げ、ずっと幅広い、さまざまな選択肢に気づいてもらうことが本書の目的だ。」（下巻、p.244）

民主化は「万能の薬」ではない
『ホモ・デウス』はそれ以外にも多くの新鮮で啓発的な視点を提供してくれている。本章ではこれ以上引用・紹介する余裕がないので、各自のご研読を勧める。
　筆者は次に、自分の専門である「中国論」について、これま

で日本で「常識」とされてきたものを乗り越えて論じてみたい。ハラリ教授の啓発を受け、ここで二つの視点を提示したい。

第1に、各時代の制度、思想、価値観というのは、いずれもその発展段階に由来するものだ。日本に長く住んでいる自分は、独裁より民主主義がすばらしいと思うが、それを果たして普遍的な価値観として、ほかの発展段階の国に当てはめて、その政治体制に優劣をつけたり、「これがないから発展しないのだ」と決めつけたりしていいのかどうかを問いたい。

ハラリ教授のデータ決定論から見れば、工業先進国の発展段階で民主主義という処理・統治方式がよりふさわしい。ただ、途上国の発展段階でも同じ理屈がそのまま当てはまるかと言えば、必ずしもそうではない。

筆者が2008年にサバティカル休暇でイギリスの大学に籍を置いたとき、現地の学者との交流で何度も耳にしたのは、「なぜ自由、民主主義のインドが経済発展に遅れ、共産主義体制の中国が経済大国になったのか、20世紀末のもっとも困惑させられる問題の一つだ」との戸惑いの声だった。

自称世界最大の民主主義国であるインドは一方、人間が生まれて不平等になる「カースト制度」が存在し、一部の宗教の信条、戒律が法律、人権より優先されている現実もある。何よりも、「民主主義」はインド社会の貧困脱却と経済発展にとって優位性を示したとは到底言えない。1980年頃、インドは、政治の大混乱が続いた文化大革命直後の中国の発展レベルと同じで、一人当たりのGDPが200ドル以下だった。ところが40年過ぎた今、インドのGDP総額も一人当たりの国民所得もみな、中国の5分の1以下に差が大きくつけられた。中国ではそ

第10章　未来からの問いかけ　197

の間、5億人以上を貧困から脱却させたが、インドは今でも5億人以上、トイレを使っていないとの研究報告がある。今の中国では経済発展、権利意識の向上に伴って、大半の民衆は、「中国も民主主義と人権の確立が必要」と考えるようになっている。ただ、その発展モデルとして恐らくイメージするのは、日本、北欧、西ヨーロッパであるが、「インドのような国になりたい」と考える中国人は恐らくほとんどいないだろう。

　民主主義があるからといって途上国の直面する最優先課題である経済発展と社会矛盾の解決に直結するものではない。また、アメリカはイラクに侵攻し、シリアやリビアなどに相次いで軍事介入したが、独裁政権を打倒したものの、民主化を外部から持ち込み、「植え付ける」ことに成功しなかった。2018年2月12日付「朝日新聞」の朝刊に「問われる『アジア式民主主義』」とのバンコク発現地ルポが掲載されたが、その中で、社会の混乱を収拾したタイ軍政トップのプラユット暫定首相の言葉「タイは民主主義を持たなければならない。だがそれは、タイ式の民主主義だ」が引用された。ここに「人権と民主主義」の相対化に関する示唆が込められていると言えよう。

「トランプ現象」が示す「民主体制」の限界

　再び、『ホモ・デウス』におけるハラリ教授の分析を思い起こしたい。自由市場資本主義と国家統制下にある共産主義の相違に関して、本質的にはデータ処理システムの違いだと彼は指摘する。前者は、すべての生産者と消費者を直接結びつけ、彼らに自由に情報を交換させたり、各自に決定を下させたりすることでデータを扱う「分散処理」方式なのに対して、後者は、

中央の単一の処理者が全てのデータを処理し、あらゆる決定を下す「集中処理」方式だと解釈する。この両者を「先進国」と「途上国」という発展段階の相違に置き換えて考えれば、中国やタイなど途上国のリーダーが「我々の方式の民主主義でいいのだ」と語るのも、ただの強弁ではなく、一理があると認めざるを得ない。

　一方、ハラリ教授は、ベルリンの壁の崩壊に象徴される共産主義の敗北について、「資本主義が冷戦に勝ったのは、少なくともテクノロジーが加速度的に変化する時代には、分散型データ処理が集中型データ処理よりもうまくいくからだ」と解釈する。自分は、中国社会も、経済発展がいよいよ途上国の発展段階を卒業するにあたり、更に21世紀の情報（データ）が大爆発する時代に直面し、過去の統治の仕方を引きずるだけでは内部矛盾が一段と激化し、体制の修正が迫られていると見る。

　さらに言えば、先進国すなわち「民主国家」も、今の体制で永続すると思わないほうがいい。アメリカは1970年代まで人種差別が広く存在し、人権、平等という普遍的な価値観は機能していなかった。キング牧師が語った「I have a dream」はまさに人種差別、普遍的人権がないことに対する嘆きだった。この夢を語ったキング牧師も人種差別主義者に暗殺された。今日に至って人種差別の問題が解決したとは言えず、トランプ政権の登場で白人至上主義は一層助長されたとも指摘されている。

　そして、21世紀に入ってからもアメリカは、自国に都合がよいときには「民主主義」「国際ルールの尊重」を掲げるが、都合が悪くなれば無視することを繰り返している。2002年、アメリカは「国際刑事裁判所規約」から脱退し、2017年、ユ

ネスコから脱退し、更に18年6月、国連人権理事会から離脱し、同年10月、「ウィーン外交関係公約」の中の、国際司法裁判所の管轄問題に関する議定書からの脱退を表明した。「民主主義」は結局、覇権主義、一国中心主義、国際ルール無視を防げないことが示される格好になった。

「共産主義」と「技術」との意外な相性

　この関連で第二の示唆は、中国の現状と将来を見るうえで、イデオロギーの要素ばかり強調しステレオタイプの理解をするのではない、との見方も必要だということである。

　ハラリ教授はもう一つの興味深い分析をしている。

　「1600年頃にカイロかイスタンブールに旅したら、そこは多文化で寛容な大都市で、（中略）そこはヨーロッパと比べれば偏見のない楽園だった。海を渡って当時のパリやロンドンに行けば、そこには宗教的な過激主義が満ち溢れ、支配的な宗派に属している人しか住めなかった。

　それにもかかわらず、科学革命はカイロとイスタンブールではなくロンドンとパリで始まった。」（上巻、p.242）

　教授は「私たちは科学を、世俗主義と寛容の価値観と結びつけることが多い」が、「じつは科学も宗教も真理はあまり気にしないので、簡単に妥協したり、共存したり、協力したりさえできる」と指摘する。

　中国は共産党の指導体制であり、政治的に、社会的に息苦しい点がよく批判されるが、冷徹に観察すれば、その体制の下で、

少なくともある時期において、経済成長はほかの体制より早く、より多くの国民を貧困状態から脱却させることに成功している。ここ数年、IT技術という本来は「自由主義体制」に属するはずの分野において、日本など大半の先進国よりすさまじい進歩を遂げている。これで一党独裁体制が救われ、今後、IT、AI技術を利用して完全な管理社会が作り上げられるとは全然思わないが、ここで問題とするのは、「共産党体制だから」とのレッテルで中国社会の進歩を否定したり、過小評価したりする態度のことである。

　昨今の日本の中国報道と研究は、中国社会の地殻変動、世界の流れに取り込まれた中での国民意識の変化、政府当局の建前と本音などについて深い理解がないまま、中国が抱えるさまざまな社会問題、経済問題について何でもかんでも共産党独裁と結びつけて、「単純明快」に結論を出そうとする傾向があるのではないか。

　中国は確かに全国にくまなく共産党の組織が置かれ、街角では政権側のスローガンが目立ち、民族問題や人権派の拘束など政治的に息苦しく感じる人も少なくない。ただ、社会全体の「許容度」を見ると、まず「広い空間」という要素を取り入れる必要がある。北京は政治の中心でやはり特殊だ。上海、広州に行けば政治的雰囲気はすでにかなり違うし、特に香港に近い深圳は長年、経済改革のパイオニア的存在で、今は政治面でも地方選挙、役人に対する監督の面では中国の中で一番進んでいる。そこで新しい技術開発と産業創出が突出した勢いを見せ、その発展方式は「新深圳モデル」とも呼ばれている。

　同じ共産党体制の下でも、地域間の温度差は外部の想像を超

えてかなり大きい。中国では「ある地域で政治的にも社会的にも認められる市民権を得れば、別の地域でも真似てよい」という不文律のルールがあり、だからこそ、「新深圳モデル」は今や上海、杭州、合肥ないし政治中心の北京のお膝元、中関村にも導入され、それが合わせて中国全体の「ニューエコノミー」の波を形成している。

ネット社会が中国の未来を左右する

なお、情報化の急速な進展が中国の経済と科学技術の発展に勢いをつけたという側面だけでなく、それによって社会と政治が受ける影響ももっと長い目で注目する必要がある。今の中国では「微信」（We Chat）というSNSを8億人以上が使っている。だからスマホによる決済、「WeChat Pay」もしくは「アリペイ」が普及している。

「微信」に対しても他のメディア、SNS同様、当局による厳しい規制、監視が行われている。ただし、だからといって国民は外部の情報を知らず、自分の意見が全部押し殺されているとの結論をすぐ見出すのは性急だ。中国の社会と民衆の間では規制を潜り抜けて情報と見方を伝える知恵がいたるところで使われており、「自分の読む情報の媒体は制限を受けているのだ」と思う人ほど、「もっと裏の話を知りたい」との意欲も加わり、中国では「情報化」の大波が誰にも止められずに押し寄せている、という大勢を知っておくべきだ。

その上で8億人以上のネット利用は中国の経済、社会ないし政治にどのような中長期的な影響を及ぼしているかを見極める必要がある。まず経済と社会面では以下の四つのインパクトを

指摘できる。

① 新しい巨大市場の出現
② ８億人以上が利用するオンライン決済という「社会的信用」を形成するプラットフォーム（「WeChat Pay（微信支付）」・「アリペイ（支付宝）」）の形成
③ 「ネット＋」で流通・教育・「シェアサイクル」など新産業を育成
④ ビッグデータ運用土台の形成

日本では中国の急速なネット社会化を常に「共産党政権が個人データを掌握し、監視社会作りに利用している、もしくはそれに利用する恐れがある」とネガティブに伝えているが、ハラリ教授が強調した通り、ネット社会、データ至上主義の社会は本質的にはあらゆる封鎖、操作を大幅に超える情報の量が存在する。実際にここ数年の日本社会を見ると、少し前まで批判していた中国式のキャッシュレス、信用スコアの導入、顔認証の技術なども導入されつつある。

それとともに、ネット社会による政治へのインパクトも見ていく必要がある。それについても少なくとも以下のいくつかの深遠な影響が考えられる。

① 全国民の権利意識（知る権利と参加する権利）の向上を加速させていること、
② 共通ルールの学習＝法治国家の基盤作りを実際に進めていること、

③　情報化に拍車（スクープ・暴露のツール）をかけていること、

④　10年スパンで見れば、民主化の地ならしになる。

中国に対する「ライバル意識」はないか

ハラリ教授の分析には基本的に賛成だが、しいて言えば、「感情的」「心理的」という要素がほぼ完全に排除されていることに問題があると思われる。

日本における中国に関する報道と研究が冷静さを失い、好き嫌いという感情が相当注入された点について、ようやく日本の中でも議論されるようになった。

『ニューズウィーク』誌日本版（2017年10月27日号）に「中国崩壊本の崩壊カウントダウン」と題するルポが掲載された。編集部の解説は＜問題を抱えた中国経済は早晩崩壊する――根拠なき崩壊論に訪れる曲がり角。「反中本」はなぜ生まれ、どう消費されてきたか＞という問題を正面から取り上げた。

曲がり角を迎えている最大の理由は、10年以上前からオオカミ少年のように「間もなく崩壊する」と言い続けたのに中国経済が一向に崩壊しないからだ。「崩壊詐欺」とも批判を浴びている。

そして、本の売れ行き自体も低調になった。「あの手の本には一定の支持層がいるが、大きく売り上げを伸ばすためには中国との『事件』が必要」と、中国崩壊本を何冊も手掛けてきた日本人編集者は言う。「現在、日中関係は安定しているので、ある程度は売れるもののそれ以上の大きな伸びは見込めなくなった」。

警察庁の公表した資料によると、在日ベトナム人の人数はまだ在日中国人の４分の１にも満たないが、その刑事犯罪の検挙数は 2015 年以降すでに中国人を上回っている。にもかかわらず、その事実は単発で報道されることがあってもワイドショー番組ではほとんど取り上げられない。だから一般庶民には今もなお、「中国人はマナーが悪い、犯罪者が一番多い」とのイメージが残っている。なぜ中国のネガティブな部分になると、各メディアがはしゃぎ出すのか。ほかの国の出身者の犯罪の場合、記事の見出しに大体その国名があまり出ないが、中国になるとそのような配慮がほとんどないように感じられるのは筆者だけではないと思う（事実、在日中国人はみなそのような感覚を持つ）。日本のこの社会現象に関して、溝口雄三東大名誉教授（故人）が 2004 年に書いた『中国の衝撃』（東京大学出版会、2004 年）と題する本で、「近代以来のアジアナンバーワンの自負と優越感が中国の台頭によって打ち砕かれた」と指摘し、その上で日本の新しい対応の仕方を提言している。

　「これまでの近代過程を先進・後進の図式で描いてきた西洋中心主義的な歴史観の見直しが必要である。（中略）日中間に特定して言えば、かつて『西洋の衝撃』によって日本の突出した台頭をうながし、中華文明圏を舞台から退場させたと思っていた歴史が、『中国の衝撃』——ボディーブローのように鈍角的で、知覚されにくく、図式化しにくいが、ゆったりとした強烈な衝撃——によって、反転され始めた。我々にとっての『中国の衝撃』は、優劣の歴史観から我々を目覚めさせ、多元的な歴史観を我々に必須とさせ、今後関係が深

まるがゆえにかえって激化するであろう両国間の矛盾や衝突の中に、『共同』の種を植え付けさせるものでなければならない。（中略）『知の共同』——すなわち自国の問題に真に責任を負うことこそがアジアの未来、世界の未来への責任負担に通底する、と自覚した知識人の間の「共同」は、今後いっそう重要さを増すだろう。」（溝口雄三『中国の衝撃』東京大学出版会、2004年、p.16-17）

「未曽有の変化」への心構えは

最後になるが、第4次産業革命は技術、民衆の生活に影響をもたらすだけではなく、国際社会の構図、ルールの再構築ないし政治制度にも長期的で深層に及ぶインパクトがあると、いくつかの最新の研究成果を紹介しておきたい。

アメリカのマッキンゼー国際研究所は2019年1月、「グローバル化の大転換——貿易とバリューチェーンの未来（Globalization in transition: The future of trade and value chains）」と題する報告書を公開し、その中で、①商品貿易が次第に縮小、②サービス貿易が急速に増加、③労働力コストの重要性が低下、④イノベーション能力は国と企業にとってますます重要、⑤地域内貿易のウェートが増していく、というグローバル化と産業技術革命による五つの影響を総括した。[3]

AI（人工知能）の政治的社会的影響を研究したのは、ジュネーブ国際高等問題研究所のリチャード・ボールドウィン

---

3 https://www.mckinsey.com/featured-insights/innovation-and-growth/globalization-in-transition-the-future-of-trade-and-value-chains

(Richard Baldwin）教授の新著『The Globotics Upheaval: Globalization, Robotics, and the Future of Work』（オックスフォード大学出版局、2019年）である（図3）。教授は特にグローバル化と自動化を二つのキーワードに、以下のいくつかのインパクトを指摘している。

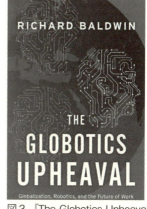

図3 『The Globotics Upheaval』原書書影（オックスフォード大学出版局、2019年）

① AI技術の発展は幾何級数的なすさまじい成長であり、それに対する政策と法律の対応は大幅に遅れている。
② （AIと一般労働者の間の）不公平な競争が拡大し、一部の技術先進国と大半の途上国の間に埋まりにくい格差が生まれる。
③ グローバル化と自動化は特に先進国の中で発生しており、これは先進国社会におけるナショナリズム、ポピュリズムが台頭する技術的背景になる。
④ AI技術は特にGAFAなど一部の超大型企業に牛耳られているので、社会の不満はこれらの企業に集中的に向けていく可能性があり、このような社会的ストレスはトランプ大統領の当選、Brexit（イギリスのEU離脱）をもたらした深層的社会的原因である。

これらの分析を踏まえて、教授は、技術の発展が人類社会

第10章　未来からの問いかけ　207

の決定的な分離・分化をもたらす「加速器」にならないよう、AIの急速な進展に見合うような公共政策と管理システムの研究を加速しなければならないと提言している。

日本にとっての「未来からの問いかけ」

中国の人気ブロガー[4]は、情報化が現代の民主主義体制に与える衝撃を検証し、以下の影響を挙げた。

① 情報化時代において、人と人のコミュニケーション方式、情報の伝導方式が急速に変わっており、この変化は民主主義の根幹を揺るがしている。

② 人と人がより簡単につながることにより、「烏合の衆」になりやすく、自己閉鎖的な世界が形成されやすい。その中で、個人が取得する情報は一段と多元化するのではなく、もっと閉鎖的になるという逆説的な結論に導く。

③ 従来型のマスメディアの影響力が低下し、人々は自分と同じイデオロギー、同じ政治的傾向、あるいは同じ嗜好を持つ情報にしか興味を示さなくなり、異なる情報はますます拒否される。これで開放、自由、平等、交流、対話など民主主義の根幹が切り崩される。

④ 当然、排他的の延長に、排外主義が台頭する。

⑤ 2016年のアメリカ大統領選挙に起きた「ロシア疑惑」に象徴されるように、世論操作がしやすくなる。

4　江平舟「信息革命，正在摧毀世界的民主制度」、中国『簡書』サイト2019年2月24日。

⑥　各社会グループは自分の信じたいことしか信じず、自分が聞きたい情報しか聞かなくなるので、民主選挙の結果を受け入れるとの民主主義の常識が裏切られる。だから、アメリカの大統領選挙後、その結果が受け入れられないとして、トランプ当選に対する史上初めての大規模な抗議運動が起きた。

⑦　フランスの「黄色ベスト」運動はネットでつながっており、これという代表者・リーダーがいない。これで交渉、合意、約束といった民主主義の手法が通用しなくなる。

⑧　AI革命とバイオ革命により、貧富の格差は無限大に広がる可能性がある。

⑨　現存の資本主義も社会主義もこのような産業革命の挑戦に応えられないので、この両者と区別される「第3の制度」が間もなく誕生するのではないか。

　このような未曽有の挑戦に、日本はどう対応するか。日本社会は従来、大規模な産業技術革命の到来に際し、それがまだ混乱し、形を成していないときは保守的だが、それが定型化し軌道に乗れば対処・追い上げが速いとの特徴を持つと言われる。しかし今回の第4次産業革命は、一部の、先に先頭に立った国と企業が、加速度的に後進者との距離を開け、追い上げが極めて難しいとの特徴があるとも指摘されている。その意味で、時代の変化は待ってくれない。

　本書では世界経済分野の新しい動向の紹介を中心に、日本はすでに認識と対応が遅れ始めたことに注意を促してきた。特に、本書の1章では、第4次産業革命に関しては日本の対応がなお

第10章　未来からの問いかけ　209

さら米中に水をあけられていること、今なおその影響を技術の視点に限定して眺め、それによる社会、経済ないし外交全般への影響——とどのつまり日本自身の進路を左右するような影響に関する認識と危機感が薄いように感じられると記している。

ハリル教授は「人間中心からデータ中心へという世界観の変化は、たんなる哲学的な革命ではなく、実際的な革命になるだろう。真に重要な革命はみな実際的だ。（中略）それが日常生活に与える実際的な影響のためだ」と指摘している（下巻、p.237）。

この新しい革命に、準備ができているか。

それが本章の提起した「未来からの問いかけ」である。

編著者：朱 建榮（しゅ・けんえい）

1957年、上海生まれ。中国・華東師範大学外国語学部卒、1992年、学習院大学で博士号（政治学）を取得。1986年に来日し、学習院大学・東京大学・早稲田大学などの非常勤講師を経て、1992年、東洋女子短期大学助教授、1996年より東洋学園大学教授となり現在に至る。その間、2002年、米国ジョージ・ワシントン大学（GWU）客員研究員、2007年、英国ロンドン大学東洋アフリカ学院（SOAS）客員研究員。著書に『毛沢東の朝鮮戦争』(岩波書店1991年)、『中国2020年への道』(日本放送出版協会1998年)、『毛沢東のベトナム戦争』(東京大学出版会2001年)、『中国で尊敬される日本人たち』(中経出版2010年)、『中国外交　苦難と超克の100年』(PHP出版2012年)、訳書に、沈志華『最後の「天朝」　毛沢東・金日成時代の中国と北朝鮮』(上下巻、岩波書店2016年)、呉士存『中国と南沙諸島紛争 問題の起源、経緯と「仲裁裁定」後の展望』(花伝社2017年)、編著に『世界のパワーシフトとアジア』(花伝社2017年) など多数。

米中貿易戦争と日本経済の突破口──「米中トゥキディデスの罠」と「一帯一路」

2019年8月10日　　初版第1刷発行

編著者 ── 朱 建榮
発行者 ── 平田　勝
発行 ─── 花伝社
発売 ─── 共栄書房
〒101-0065　東京都千代田区西神田2-5-11出版輸送ビル2F
電話　　　03-3263-3813
FAX　　　03-3239-8272
E-mail　　info@kadensha.net
URL　　　http://www.kadensha.net
振替 ─── 00140-6-59661
装幀 ─── 水橋真奈美（ヒロ工房）
印刷・製本─ 中央精版印刷株式会社

Ⓒ2019　朱 建榮
本書の内容の一部あるいは全部を無断で複写複製（コピー）することは法律で認められた場合を除き、著作者および出版社の権利の侵害となりますので、その場合にはあらかじめ小社あて許諾を求めてください

ISBN978-4-7634-0896-9 C0036

世界のパワーシフトとアジア
新しい選択が迫られる日本外交

朱 建榮 編著

定価：本体 1500 円＋税

台頭する中国に危機感を煽るだけでよいのか——？

駐日大使や大学教授、ジャーナリストなどによる最新の報告と提言。
日中国交正常化 45 周年から、日中平和友好条約 40 周年へ——新たな世界の潮流を見つめるために